Un CAMBIO de paradigma

JLI

Autores
Rab. Mordechai Dinerman
Rab. Naftali Silberberg

Impreso en los Estados Unidos

822 Eastern Parkway, Brooklyn, NY 11213

(888) YOUR-JLI/718-221-6900
www.myJLI.com

El **Instituto Rohr de Aprendizaje Judío**
reconoce gratamente
el apoyo de

George y Pamela Rohr

Desde sus inicios,
el **JLI Rohr** ha sido
el beneficiario de la visión, la generosidad,
el cuidado y la preocupación
de la **familia Rohr**

En mérito de
las decenas de miles de horas de estudio de Torá
por parte de los estudiantes de **JLI** en todo el mundo,
que sean bendecidos con salud,
Ídishe najes de todos sus seres queridos,
y éxito extraordinario
en todos sus emprendimientos.

UN CAMBIO DE PARADIGMA

ESTÁ DEDICADO

a la bendita memoria de

מרים בת נתנאל ושרה ע"ה

Miriam bat Netanel y Sara

y para honrar a

יצחק בן לאה

רבקה ויקה בת רחל

מיכאל בן רבקה ויקה

רות בת רבקה ויקה

Itzjak ben Leah

Rivka Vika bat Rajel

Michael ben Rivka Vika

Ruth bat Rivka Vika

El Rebe a menudo bendecía a aquellos que dedicaban sus vidas a la educación y continuidad judía, a tener el mérito de ser recipientes de una abundancia espiritual y material ilimitada.

Que sus palabras se cumplan al máximo, que acompañe a sus familias en todos sus emprendimientos, y que sean bendecidos con salud, najes de todos sus seres queridos, y éxito extraordinario.

El Rebe

Rab. Menajem Mendel Schneerson

de bendita memoria

1902-1994

Más conocido como "El Rebe", el Rab. Menajem M. Schneerson, de bendita memoria, asumió el liderazgo del movimiento Jabad Lubavitch en el año 1950, y a partir de ese momento se dedicó a establecer una red mundial de instituciones educativas, sociales y religiosas, que transformaron el panorama judío post-Holocausto. El Rebe fue uno de los principales líderes religiosos de nuestros tiempos, y durante su vida causó un profundo impacto en las vidas de incontables individuos. Se mantiene vivo por medio de sus enseñanzas visionarias, y a través del trabajo de sus emisarios, en quienes encomendó la misión de llevar la luz del judaísmo a todos los rincones del planeta.

ESTE CURSO CONMEMORA EL VIGÉSIMO ANIVERSARIO DE LA PARTIDA DEL REBE.

EL REBE: UNA BREVE BIOGRAFÍA

Rab. Shmuel Klatzkin, PhD

Rab. Menajem Mendel Schneerson, el séptimo lider del movimiento Jabad-Lubavitch, nació en Nikolaev, Ucrania, el 11 de Nisan del año 5662 (18 de abril de 1902). Fue llamado Menajem Mendel en honor al tercer líder de Jabad , del cual su padre, Rab. Levi Itzjak Schneerson, descendía (cuarta generación). La madre del Rebe, Jana Schneerson, era la hija del Rabino de Nikolaev, Rab. Meir Shlomo Yanovski. El Rebe tenía dos hermanos menores; Dovber (fue asesinado por los nazis) e Israel Arie Leib (falleció en el año 1952). En 1909, la familia del Rebe se trasladó a Yekatrisnoslav (conocida actualmente como Dnepropetrovsk, Ucrania), y allí su padre, Rab Levi Itzjak, fue designado rabino de la ciudad.

Ya desde una edad temprana los padres del Rebe fueron informados, por sus maestros, de las capacidades académicas y conocimientos que su hijo poseía, que superaban ampliamente las de sus pares. De allí en adelante su educación fue de índole privada, y el programa especial que le prepararon su padre y sus tutores le permitió avanzar a su propio ritmo.

En 1923 el Rebe conoció al hombre que consideraba su propio Rebe, Rab Iosef Itzjak Shneerson, sexto Rebe de Lubavitch. Se admiraban mutuamente, y pronto el Rebe se comprometió con la segunda hija de Rab Iosef Itzjak, la Rebetzin Jaia Mushka. En el año 1927 el Rebe abandonó la Unión Soviética junto con su futura esposa y suegro. Un año después, el Rebe se casó en Varsovia, Polonia. La joven pareja se mudó a Berlin, y allí el Rebe estudió matemática, física y filosofía en la Universidad de Berlín. Se trasladaron a París cuando los nazis subieron al poder, y allí continuó sus estudios superiores en mecánica, ingeniería eléctrica, y matemática. Durante este período, el Rebe continuó con su régimen intensivo de estudios judaicos. Muchas décadas después fueron publicados sus cuadernos con anotaciones académicas. Durante esta época, el Rebe también editaba una revista de pensamiento rabínico y jasídico, *Hatamim*, y era la mano derecha de su suegro para llevar a cabo su activismo comunal.

Al estallar la Segunda Guerra Mundial, debido a las conquistas alemanas, tanto el Rebe como su suegro se vieron obligados a abandonar Europa; ambos superaron muchos obstáculos y finalmente lograron, cada uno por su lado, llegar a los Estados Unidos de América. El Rebe llegó en el año 1941, y se asentó en el barrio de Crown Heights en Brooklyn, donde tomó un alto cargo administrativo dentro del movimiento Jabad. Fue designado por el Rab. Iosef Itzjak para presidir las tres organizaciones de Jabad a cargo de los servicios educativos y sociales, y de las publicaciones. Durante estos años el Rebe publicó un comentario sobre la *Hagadá* de Pesaj, que cuenta con una gran cantidad de anotaciones académicas. También compiló el *Haiom iom,* una obra de enseñanzas breves de su suegro, para ser estudiadas todos los días. Durante un tiempo, el Rebe se unió a los esfuerzos bélicos como ingeniero eléctrico en la Marina de Brooklyn.

Durante el invierno del año 1950, falleció el Rab. Iosef Itzjak. Al principio, el Rebe era reacio a aceptar sobre él el liderazgo. No obstante, al año del fallecimiento de su suegro, el Rebe accedió a las súplicas de los jasidim de Jabad a nivel mundial, y aceptó liderar el movimiento.

El Rebe de inmediato se puso como objetivo la tarea de continuar y expandir exponencialmente el trabajo que ya había comenzado su suegro: fomentar la identidad judía, el estudio de Torá, y el cumplimiento de las mitzvot.

El Rebe indicó a jóvenes parejas a que salieran al mundo, y asumieran el desafío de ir incluso a lugares que contaban con muy poca infraestructura judía, para construir allí una vida judía, desde los cimientos si era necesario. No habían aún pasado diez días del fallecimiento del Rab. Iosef Itzjak cuando el Rebe envió su primer *sheliaj* (emisario) a Marruecos.

A los jasidim les tomó un tiempo comprender el alcance del plan del Rebe. A partir de fines de la década de los 50, el Rebe a menudo solía citar el versículo (Génesis 28:14): "Y te esparcirás hacia el oeste, hacia el este, hacia el norte y hacia el sur", y lo adoptó como lema de Jabad. En esta misma época un número importante de emisarios comenzaron a establecer 'Casas de Jabad' en varias ciudades alrededor del mundo. El Rebe también estableció y administró una red encubierta de ayuda para los judíos que aún permanecían del otro lado de la Cortina de Hierro.

En 1964 falleció la madre del Rebe. Ella había emigrado a los Estados Unidos en 1947 (su esposo, es decir, el padre del Rebe, había fallecido en la Unión Soviética en el año 1944), y desde ese entonces el Rebe la visitaba, infaliblemente, todos los días. A partir de ese momento el Rebe tomó una nueva iniciativa: en todas las reuniones sabáticas, el Rebe tomaba un pasaje de Rashi (el exégeta bíblico más conocido) y lo analizaba de manera muy sofisticada. Esto se convirtió en un método novedoso de estudiar Rashi.

El Rebe inició la primera Campaña de Mitzvá como respuesta a los intentos de las naciones árabes de destruir Israel. Él alentaba a todos los hombres judíos, en especial a los soldados israelíes, a colocarse los *tefilin,* acto que traería protección divina y fuerza. A los pocos años el Rebe instauró otras campañas: el encendido de las velas de Shabat, poner *mezuzot* en los hogares judíos, entre otras.

El Rebe se mantenía bien informado sobre todas las cuestiones que afectaban a Israel, e israelíes de todo tipo se aconsejaban con él. Itzjak Rabin, Zalman Shazar, Menajem Begin, Ariel Sharon, y muchos otros, provenientes de todos los sectores de la sociedad israelí, se acercaron a su estudio para hablar, e intercambiaban con él correspondencia. El Rebe constantemente buscaba la integridad, seguridad, y paz en Israel. Luego de la milagrosa victoria en la Guerra de los Seis Días, el Rebe públicamente mencionaba las cuestiones israelíes, y la prensa israelí estaba al tanto de sus dichos.

Cuando el Rebe cumplió 70 años (en 1972), los jasidim le rogaron que bajara el ritmo y descansara. Sin embargo, el Rebe habló en público y dijo que no desaceleraría, sino que todo lo contrario: aumentaría su actividad. Le pidió a sus emisarios que durante su septuagésimo primer año, establecieran 71 instituciones judías adicionales.

En la fiesta de Sheminí Atzeret del año 1977, el Rebe sufrió un ataque cardíaco. Si bien logró recuperarse, eventualmente se vio obligado a quitar ciertas actividades de su rutina. El cambio más notorio fue que dejó de tener reuniones privadas periódicas, algo que había estado haciendo, dos o tres noches por semana, durante más de treinta años.

Durante todo el tiempo que estuvo al frente del movimiento, el Rebe hizo hincapié en la educación de los niños, y esto se veía claramente cuando dirigía el desfile de Lag Baomer. El Rebe comenzó estos desfiles en la década del 40, y fueron los primeros desfiles judíos públicos en los Estados Unidos. A principios de los 80, el Rebe estableció *Tzivos Hashem* (El ejército de Dios), una organización mundial dedicada a satisfacer las necesidades físicas y espirituales de los niños judíos. También en el mismo período, el Rebe señaló que la aceptación de los judíos en el mundo occidental era una oportunidad inimaginable en los siglos anteriores: un involucramiento activo con el mundo no judío. El Rebe enseñó que para el judaísmo es fundamental el hecho que toda la humanidad es creada, mantenida y gobernada por Dios. Al transmitir el significado exterior e interior de las Siete Leyes Noájicas, los judíos podrían enseñarle al mundo que éste debería ser un lugar de paz y bendición. El Rebe también insistía con que la educación debe centrarse en la virtud y la santidad, y por esto fomentó el establecimiento de un 'momento de silencio' en las escuelas públicas americanas.

Jaia Mushka, la mujer del Rebe, falleció en 1988. Luego de su fallecimiento, el Rebe destacaba la necesidad de "que los vivos hicieran propio" su legado y lo tomaran como una lección de vida positiva.

A partir del año 1986, el Rebe solía pasar todos sus domingos parado saludando a la gente que lo iba a ver, distribuyendo dólares para que ellos donaran. Durante estos breves encuentros, el Rebe también solía acceder a sus pedidos de bendición y de consejo. En 1991, el Rebe tranquilizó al pueblo judío, asegurándole que Israel no sería dañada por Irak durante la Guerra del Golfo.

Durante este periodo el Rebe solía hablar acerca de la caída de la Cortina de Hierro sin derramamientos de sangre, y cómo esto era una señal de que el mundo estaba listo para la redención completa. En mayo de 1991 el Rebe habló francamente con sus jasidim y les dijo que él ya había hecho todo lo que podía hacer, y que a partir de ese momento traer al Mashiaj estaba en sus manos.

Durante el invierno de 1992 el Rebe sufrió un derrame cerebral que le ocasionó la pérdida del habla. El Rebe falleció el 3 de Tamuz del año 5754 (12 de junio de 1994). Fue enterrado al lado de su suegro, en el Cementerio Montefiore de Queens, Nueva York.

Hasta el momento se han publicado más de doscientos volúmenes de las enseñanzas del Rebe: discursos, ensayos y cartas. Y en las dos décadas que siguieron a su muerte, cada vez más y más hombres y mujeres fueron inspirados por él. Hoy en día hay más de cuatro mil parejas desparramadas en más de mil comunidades en 80 países, que se dedican a ser emisarios del Rebe.

ÍNDICE

CLASE 1

Viendo un hermoso jardín

Muchos estudios científicos realizados han arrojado el siguiente resultado: la gente que tiende a ver las cosas a través de un prisma positivo, lleva vidas más felices y exitosas. Pero, ¿es posible ver el bien en todo? E incluso si es factible, ¿no es acaso un enfoque ingenuo y poco realista? Un entendimiento sofisticado de la realidad revela un mundo en el que abundan las oportunidades, la positividad y la bondad.

Introducción

¿Medio lleno o medio vacío?

EJERCICIO DE APRENDIZAJE 1

En los cuadros que figuran a continuación, elije tus respuestas más y menos probables para cada una de las situaciones descriptas. (Ignora los números que aparecen en la columna derecha).

A. Tu hijo no se comporta de acuerdo a las reglas de la clase, y además instiga a otros a interrumpirla también.

más / menos	Todo niño tiene sus altibajos.	1 2 3 4 5
más / menos	No soy un buen padre.	1 2 3 4 5
más / menos	Desearía que fuera más como su hermana.	1 2 3 4 5
más / menos	Tiene mucha energía, que tiene que canalizar apropiadamente.	1 2 3 4 5
más / menos	Los niños de hoy no son tan educados como los de antes.	1 2 3 4 5
más / menos	Tiene las cualidades de un líder.	1 2 3 4 5

B. Un recién llegado abre un negocio que compite con el tuyo, a menos de una milla de distancia.

más / menos	No soy bueno en mi trabajo.	1 2 3 4 5
más / menos	Voy a tener que trabajar más duro.	1 2 3 4 5
más / menos	Esto podría llevarme a la quiebra.	1 2 3 4 5
más / menos	Recientemente se ha elevado la demanda de mis productos/servicios.	1 2 3 4 5
más / menos	No puedo creer que no haya un ley que prohíba esto.	1 2 3 4 5
más / menos	Esto me obligará a mejorar la calidad de mi servicio y de mis productos.	1 2 3 4 5

C. Se acerca la fecha de tu cumpleaños número 70

más / menos	"Más sabe el diablo por viejo que por diablo".	1 2 3 4 5
más / menos	Mis mejores años ya pasaron.	1 2 3 4 5
más / menos	Ya no soy tan productivo.	1 2 3 4 5
más / menos	Necesito jubilarme.	1 2 3 4 5
más / menos	Espero con ansias tener muchos más años felices.	1 2 3 4 5
más / menos	Las generaciones más jóvenes "no lo entienden".	1 2 3 4 5

EJERCICIO DE APRENDIZAJE 2

¿A dónde ubicarías al realista?

Pesimista Optimista

He venido a mi jardín

EJERCICIO DE APRENDIZAJE 3

Une con flechas las entidades que figuran en la columna de la izquierda con las metáforas que mejor las describen. (Puedes utilizar una misma metáfora más de una vez)

Tú	**Desierto**
Tu familia	**Granja**
Tu círculo social	**Campo**
Tu trabajo	**Bosque**
Tu rutina/actividades diarias	**Jardín**
Los seres humanos	**Jungla**
Tu sinagoga	**Parque**
El campo de la política	**Patio**
El planeta Tierra	**Zoológico**

Texto 1

El Rebe, *Sijot Kodesh* 5732, 1:361–362

אז מ'הייבט זיך אן ארום קוקן בעיני בשר, מיט פליישיגע אויגן, זעהט מען דאן די "פלייש" און די גשמיות שבכל דבר, ווערט מען דערשראקן: וואס טוט זיך אין דער וועלט? וואס מדור לדור ומשנה לשנה איז "אכשור דרא בתמי'". אז מ'גיט א קוק, איז ניט דער חלק הטוב איז גובר, און ניט דער סדר ווערט אלץ שטארקער, און ניט קדושה ורוחניות איז מושל ושולט, נאר לכאורה להיפך. ובפרט אין ענינים וואס זיינען פארבונדן מיט אידן. אידן זיינען דאך אלעמאל "אתם המעט מכל העמים" (דברים ז,ז), על אחת כמה וכמה איצטער. לויט דעם חשבון קאן איינפאלן על פי טבע, לויט דעם חשבון פון עיני בשר, אז דאס איז אן ענין פון א יער וואו עס געוועלטיגן חיות רעות, ניט א גארטן וואס גיט פירות מאכל אדם . . .

מ'קאן דאך ווערן ביי זיך אראפגעפאלן, ווי קאן מען האבן א האפענונג אויפטאן מיט דער וועלט און איבערמאכן וועלט ווען מיר זעהען אז מדור לדור ומשנה לשנה איז הולך ופוחת, "אכשור דרא בתמי'"? אפילו אז ער וועט דאס טאן מיט קבלת עול . . . ביי אים ווייזט זיך אויס אז ער וועט זיכער ניט מצליח זיין, ווארום די וועלט איז א יער וואו עס געוועלטיגן חיות רעות, איז טוט ער טאקע כל עניניו, אבער ניט מיט דעם חיות, על אחת כמה וכמה ניט מיט שמחה ווי ס'דארף זיין בעבודת ה'.

Cuando utilizamos los ojos físicos para mirar, sólo podemos percibir el aspecto físico que está presente en todo lo que vemos, y naturalmente nos preguntamos: ¿qué es lo que está pasando con el mundo? La situación está deteriorándose constantemente, de generación en generación, e incluso de año a año. No prevalece la bondad, las condiciones no están mejorando, y los valores santos y espirituales no son los que dominan. Esto es cierto especialmente en cuanto a las inquietudes con respecto al pueblo judío. Nuestra nación siempre ha constituido una pequeña minoría desparramada entre los habitantes del mundo, y continúa siéndolo hoy en día. Un pensamiento

Sijot Kodesh

Son transcripciones (su gran mayoría en idish) de los discursos públicos del Rebe (en los *farbrenguen*) entre los años 1950 y 1981, publicados en 50 volúmenes. Los discursos que el Rebe daba en Shabat y las fiestas, días en los que está prohibido tomar apuntes y grabar, eran memorizados por un equipo entrenado (llamados *jozrim*) que luego los reconstruía y transcribía de memoria. El Rebe no editó ni revisó estás transcripciones.

tal podría fácilmente llevarnos a la conclusión de que este mundo no es sino una jungla dominada por animales feroces, y que ciertamente no tiene similitud alguna con un jardín que da frutos comestibles… Un pensamiento tal también puede llevarnos a caer en el abatimiento y la desesperación. ¿Cómo podemos esperar causar un impacto y mejorar el mundo, si la situación está degenerándose cada vez más? Si llegamos a esta conclusión, aún si obedecemos al pie de la letra [y continuamos estudiando Torá y realizando buenas acciones] . . . careceremos del entusiasmo y la felicidad necesarias para cumplir nuestra misión y servir a Dios apropiadamente; por cuanto que parecerá que ciertamente fallaremos, ya que el mundo no es más que una selva salvaje dominada por bestias feroces.

Texto 2

Cantar de los Cantares 5:1

בָּאתִי לְגַנִּי אֲחֹתִי כַלָּה.

e venido a mi jardín, mi hermana, [mi] novia.

Texto 3

El Rebe, *Sijot Kodesh* 5732, 1:362–363

מיר זאלן וויסן זיין אז די וועלט . . . איז א "גן". דאס הייסט, ניט סתם א שדה עושה תבואה, נאר דאס איז א גן עושה פירות. און דאס איז ניט סתם א גן פון אבי וועמען, במילא איז דאס בערך לבעל הפרדס והגן, איז פאר עם געוונג אז די פירות האבן די און די חשיבות וואס זיי האבן. זאגט מען גלייך מלכתחילה אז דער פסוק זאגט: "באתי לגני". דאס איז א זאך אין וועלט וואס דער אויבערשטער זאגט אז דאס איז זיין פרדס.

Debemos saber que el mundo… es un jardín. No es meramente un campo en el cual se cosechan granos [que son necesarios para poder subsistir], sino un jardín que da frutos lujosos [que nos proveen de disfrute y de placer].

Además, el placer que puede dar cierta entidad, es subjetivo; varía según las necesidades y preferencias del dueño. El mundo no es solamente un jardín; es el jardín de *Dios*, como dice el versículo: "He venido a *Mí* jardín." [Por lo tanto, su bondad es medida según sus definiciones infinitas.]

PREGUNTA PARA DEBATIR

¿Qué concepto(s) filosófico(s) subyacente(s) podemos encontrar en la afirmación de que nuestro mundo es un hermoso jardín?

Texto 4

Sidur Tehilat Hashem, Plegaria matutina, p. 41

המחדש בטובו בכל יום תמיד מעשה בראשית. כאמור:
"לעושה אורים גדולים כי לעולם חסדו" (תהלים קלו,ז).

Sidur Tehilat Hashem

Es uno de los libros de rezos que siguen la tradición del Arizal, como estableció Rabí Shneur Zalman de Liadí. Fue publicado por primera vez en Nueva York en el año 1945.

Con su bondad, Dios renueva cada día, continuamente, la obra de la Creación. Como está dicho (Salmos 136:7) "[Agradeced] al que hace las grandes luminarias, porque su bondad es eterna."

EJERCICIO DE APRENDIZAJE 4

Enumera algunos fenómenos que desafíen el concepto de que este mundo sea el jardín de Dios:

1. ______________________________

____

____

2. ______________________________

____

____

3. ______________________________

____

____

Texto 5

El Rebe, *Sijot Kodesh* 5732, 1:363–364

דעמולט, קוקט ער אויף וועלט אנדערש. און אז ער קוקט אנדערש, דערזעהט ער אז דאס וואס בעיני בשר, בשטחיות, אויף דעם ערשטן קוק, באמערקט מען ניט, איז אבער ווען ער דארף זוכן, און ער זוכט, און זוכט אין דער ריכטונג - אויסצוגעפינען וואס ס'געפינט זיך אונטער דער קליפה, אונטער דער אויסווייניגסטע שאלעכץ, די פירות פון דעם גן, איז בשעת ער זוכט אין דער ריכטונג - איז צום אלעם ערשטן איז ער זיכער אז ער וועט דאס זיכער געפינען, ווארום תורת אמת זאגט עם אז ס'איז דא, און וויסנדיק אז ער וועט זיכער געפינען א אוצר יקר מכל יקר - פירות וואס דער אויבערשטער איז אויף זיי מעיד אז דאס איז פירות פון זיין פרדס אין וועלכען ער געפינט זיך, "עיקר שכינה בתחתונים היתה" - איז לפי ערך פון יוקר הפירות וועט עס אים ניט אפשרעקן און ניט אפשטעלן פון קיין השתדלות און קיין יגיעה און ער וועט זיך ניט לאזן אפציען, אפרעדן און פארנעמען זיך מיט זייטיגע זאכן וויסנדיק אז אויף אים ווארט א אוצר יקר מכל יקר ער זאל עס מגלה זיין אין וועלט . . .

מ'זאל וויסן אז מ'געפינט זיך אין א טייערע וועלט, נאר דער יצר הרע איז זיך משתדל בכל האופנים אויף צודעקן די טייערקייט וואס געפינט זין אין וועלט, כדי מיר זאלן זיך מייאש זיין חס ושלום, אדער על כל פנים טאן מער ניט ווי אויף יוצא געווען וכו' . . . און דורך דער התבוננות, גייט ער לבטח דרכו . . . וויסנדיק א זיכערע זאך אז מ'וועט צוקומען און געפינען די פירות פון דעם גן.

Con esta perspectiva vemos al mundo de una manera diferente; y, al hacerlo, comenzamos a notar algunas cosas que no habíamos visto al echar el primer vistazo. Cuando nos damos cuenta de que parte de nuestra responsabilidad es estar constantemente buscando, procuramos observar lo que nos rodea y percibir aquello que yace debajo de la coraza, la fruta que yace debajo de la cáscara. Confiamos en que tendremos éxito revelando el jardín que está latente en la creación, porque la Torá nos dice que ciertamente está allí, esperando ser descubierto.

Saber que efectivamente nos toparemos con preciosas frutas, frutas que Dios dice que pertenecen al jardín en el que Él mora, nos infunde de entusiasmo y de una confianza suprema. Saber que hay un tesoro precioso que está esperando ser descubierto, hace que mantengamos el foco en nuestra tarea y no nos permitamos ser desviados por otros emprendimientos…

Es menester saber que habitamos un mundo maravilloso. La inclinación del mal procura oscurecer la preciosa luz del mundo de infinitas maneras posibles, con la esperanza de que perdamos toda la esperanza, Dios no lo quiera, o que al menos seamos engañados para cumplir con el mínimo necesario… Sin embargo, considerando lo mencionado a priori, ciertamente andamos por la vida… con la certeza de que encontraremos los frutos del jardín de Dios.

PREGUNTA PARA DEBATIR

Relee tus respuestas al EJERCICIO DE APRENDIZAJE 4.
¿Cómo podemos interpretar dichos fenómenos como parte del jardín de Dios?

Buscando el jardín

No hay como el hogar propio

Texto 6

Midrash, *Kohelet Rabá* 3:15

"והנה טוב" (בראשית א,לא) - זה יצר טוב. "מאד" (שם) - זה יצר הרע.

"Es bueno" (Génesis 1:31), se refiere al instinto del bien. "Es *muy* bueno" (íbid.) se refiere al instinto del mal.

Kohelet Rabá

Es un texto del Midrash, basado en el libro de Eclesiastés. El Midrash es un tipo de literatura rabínica. El término 'Midrash' se deriva de la raíz *d-r-sh*, que quiere decir 'buscar', 'examinar', e 'investigar'. Este Midrash en particular nos proporciona una exégesis textual y al mismo tiempo desarrolla e ilustra principios morales. Fue publicado por primera vez en Pesaro, Italia, en el año 1519, junto con cuatro otras obras del Midrash que estaban basadas en las otras *meguilot* bíblicas.

PREGUNTA PARA DEBATIR

¿Por qué el instinto del mal es 'muy bueno'?

Rabí Shneur Zalman de Liadí
(Alter Rebe)
1745–1812

Rebe jasídico, autoridad halájica, fundador del movimiento Jabad. El Alter Rebe nació en Liozna, Bielorusia, y fue uno de los alumnos principales del Maguid de Mezeritch. Sus numerosas obras incluyen el *Tania*, un clásico de los fundamentos del jasidismo de Jabad, y el *Shuljan Aruj Harav*, un código de ley judía.

Texto 7

Rabí Shneur Zalman de Liadí, *Tania*, cap. 36

והנה מודעת זאת מאמר רז"ל שתכלית בריאת עולם הזה הוא
שנתאוה הקדוש ברוך הוא להיות לו דירה בתחתונים.

Una reconocida declaración rabínica afirma que el propósito por el cual el mundo fue creado, es por el deseo de Dios de tener un hogar en el mundo inferior.

PREGUNTA PARA DEBATIR

¿Qué significa que Dios desea tener un 'hogar' en el mundo inferior?

Cantando toda la noche

Texto 8a

El Rebe, *Likutei Sijot* 20:126

די ירידה פון יעקב אבינו לבית לבן איז געווען בשביל העלי', עס זאל זיין "ויפרוץ האיש מאד מאד" (בראשית ל,מג). און וויבאלד יעקב האט **געזען** דעם תכלית המכוון פון זיין ירידה (די עלי' וואס וועט דערפון ארויסקומען), דעריבער האט ער זייענדיק בבית לבן געזאגט "**שיר המעלות**".

El propósito de la estadía de Iaakov en la casa de Laván fue poder obtener una gran ganancia – [como está escrito en Génesis 30:43] para llegar a ser "sumamente adinerado". Iaakov percibió el propósito de dicho desafío – y el beneficio que le traería – y por lo tanto pudo cantar, mientras estaba en la casa de Laván, el "Cántico de las ascensiones".

Likutei Sijot

Considerado el magnum opus del Rebe, los 39 volúmenes de *Likutei Sijot* destacan ensayos académicos relacionados con los temas de la porción semanal de la Torá y las festividades judías. El Rebe inicialmente transmitía estos temas en sus discursos públicos, y luego los reescribía para publicarlos. En algunos volúmenes estos ensayos aparecen en idish, mientras que otros están en hebreo. La mayoría de los volúmenes también contienen una colección de cartas del Rebe.

Texto 8b

El Rebe, ibid. p. 127

מצד דעם עילוי וואס ווערט דוקא דורך מלחמה ונסיונות,
מאכט לפעמים דער אויבערשטער אז . . . זאלן זיין אזוינע
וואס קומען לוחם זיין און שטערן פון עבודת ה'.

און אויף דעם זאגט ער "שיר המעלות": ניט נאר זיינען די נסיונות אים
ניט מונע פון עבודת ה' און פועל'ן ניט קיין חלישות בעבודתו, נאר
אדרבא, זיי רופן ביי אים ארויס א תוספת כח ואומץ ביתר שאת ויתר
עז, און דאס ברענגט אים אז ער שטייט אין א מצב פון "שיר".

Gracias a las ventajas que provienen de las luchas y los desafíos, Dios en todo momento organiza... establece oponentes que intentan combatirnos y perturbar nuestro servicio divino.

Al experimentar tales adversidades, respondemos cantando el "Cántico de las ascensiones." Estas dificultades no impiden que podamos servirlo; al contrario, nos llenan de más energía y coraje. Nos hacen cantar.

EJERCICIO DE APRENDIZAJE 5

Un ejemplo de una instancia reciente en la que pasé una adversidad:

Formas posibles en las que una adversidad pueda traerme una ventaja:

Texto 9a (Opcional)

Maimónides, *Guía de los perplejos* 3:12

Rabí Moshé ben Maimón
(Maimónides/Rambam)
1135–1204

Legislador, filósofo, autor, y médico. Maimónides nació en Córdoba, España. Luego de la conquista de Córdoba por parte de los almohades, huyó de España y eventualmente se estableció en El Cairo, Egipto. Allí, se convirtió en el líder de la comunidad judía, y se desempeñó como médico de la corte para el visir de Egipto. Es más conocido por ser el autor del *Mishné Torá*, un arreglo enciclopédico sobre ley judía; y por su labor en el campo de la filosofía, la *Guía de los perplejos*. Sus decisiones sobre ley judía son indispensables para llegar a un consenso halájico.

הרבה פעמים יעלה בלב ההמון שהרעות בעולם יהיו יותר מן הטובות, עד שבהרבה מחידות רוב האומות ובשיריהם יכללו זה הענין, ויאמרו כי מן הפלא שימצא בזמן דבר טוב אמנם רעותיו רבות ומתמידות. ואין זה הטעות אצל ההמון לבד, רק עם מי שיחשוב שהוא חכם גם כן. ולאלראז"י ספר מפורסם, קראהו ספר אלהות, כלל בו משגעונותיו וסכלותיו הרבה, ומכללם ענין בדאו והוא שהרע במציאות יותר מן הטוב, שאתה כשתקיש בין מנוחות האדם ועונגו בעת מנוחתו עם מה שיקרהו מן המכאובים והחבלים הקשים והמומים ובטול האברים והמהומות והדאגות והצרות, תמצא שבמציאותו, רצוני לומר, מציאות האדם, נקמה ממנו ורעה גדולה לו . . .

וסבת זה הטעות כלה היות זה הסכל וחבריו מן ההמון לא יבחנו המציאות רק באיש מבני אדם לא זולת זה, וידמה כל סכל כי המציאות כולו היה בעבורו, וכאלו אין שם מציאות זולתו לבד. וכשיבואהו הענין בחלוף מה שירצה, יגזור מהמציאות כולו רע. ואלו בחן האדם המציאות וציירו וידע מיעוט חלקו ממנו, התבאר לו האמת ונגלה כי זה השגעון הארוך אשר ישתגעו בו בני אדם ברוב רעות העולם, אינם אומרים שהוא בחק המלאכים, ולא בחק הגלגלים והכוכבים, ולא בחק היסודות ומה שהורכב מהן ממוצא או צמח, ולא בחק מיני בעלי חיים גם כן.

A menudo la gente piensa que en el mundo hay más mal que bien; muchos dichos y canciones de las naciones se explayan en esta idea. Dicen que mientras que las cosas buenas se encuentran sólo excepcionalmente, las malas son numerosas y duraderas. No sólo la gente del montón comete este error; incluso aquellos que creen ser sabios lo cometen. Al-Razi escribió un libro muy conocido sobre teología. En él, junto con otras ideas tontas y alocadas, explica que en el mundo existe más maldad que bondad.

Sostiene que en comparación, si se pesaran por un lado la felicidad y placer del hombre en tiempos de prosperidad, contra los contratiempos que le ocurren – como ser la aflicción, el dolor agudo, los defectos, parálisis de las extremidades, miedos, ansiedad y problemas – parecería ser que la misma existencia del hombre es un castigo y un gran mal para él...

Este error surge de juzgar al mundo entero por lo que le ocurre a una persona particular. Sólo un ignorante puede creer que todo el universo existe por él, como si no haría falta considerar nada más. Por lo tanto, si le ocurre algo que no concuerda con sus expectativas, inmediatamente llega a la conclusión de que todo el universo es malo. Sin embargo, si considerara al universo como un todo, y comprendiera que él es tan sólo una pequeña porción de él, encontraría la verdad. No hay mal en los ángeles, en las esferas, en las estrellas, en los elementos y en todo aquello compuesto por ellos (es decir, plantas, minerales, y las distintas especies de seres vivientes).

Texto 9b (Opcional)

Maimónides, ibid.

יארע לקצת בני אדם מומים גדולים ובטול אברים בכלל היצירה, או מתחדשים משנויים שיארעו ביסודות מאויר הנפסד, או הברקים העצומים הנקרא בלעז לנבי"ש, או שקיעת מקומות . . . שהרעות אשר ימצאו בני האדם בזה המין מעטים מאד מאד ולא יהיו אלא לעתים רחוקים, שאתה תמצא מדינות שיש להם אלפים שנים לא נשקעו ולא נשרפו. וכן יולדו אלפים מבני אדם בתכלית הבריאות, ולא יולד בעל מום רק על דרך פלא ועל צד זרות. ואם יתגבר המתגבר ולא יאמר על צד זרות, הוא מעט מאד ואינו לא חלק ממאה ולא חלק מאלף מן הנולדים בתכלית השלמות.

Algunas personas padecen deformidades, o parálisis en algún órgano. También hay sufrimientos causados por cambios en los elementos, debido a la contaminación del aire, tormentas, o aludes... Encontrarás que este tipo de males son raros, muy poco comunes. Hay países que durante miles de años no han sufrido ninguna inundación ni incendio. Hay miles de hombres que gozan de una salud perfecta, mientras que los individuos con deformaciones son una ocurrencia excepcional. Si tienes alguna objeción al término 'excepcional', entonces di 'pocos'; no son ni uno de cada cien, ni siquiera uno de cada mil de aquellos que son perfectamente normales.

Texto 9c (Opcional)

Maimónides, ibid.

המין הב' מן הרעות הוא מה שיארע לבני אדם מקצתם לקצתם, בהתגבר קצתם על קצתם, ואלו הרעות יותר מרעות המין הראשון . . . אבל מציאותו גם כן מעט, כאיש שיתנכל את איש להרגו או לגנוב ממונו בלילה. ואמנם יכלול זה המין מן הרע אנשים רבים במלחמות הגדולות, וזה גם כן אינו ברוב מה שבישוב.

Existe otra clase de mal, el que la misma gente provoca, los unos a los otros, cuando ejercen sus fuerzas contra terceros. Estos males son muchísimo más numerosos que los del primer tipo... sin embargo, no están muy difundidos en ningún país de todo el mundo. Es raro que un hombre planee matar a su vecino, o robarle en medio de la noche. Si bien muchas personas son afectadas por este tipo de maldad durante las grandes guerras, no es muy frecuente si consideramos a la humanidad entera.

Texto 9d (Opcional)

Maimónides, ibid.

כל אשר הענין יותר צריך לבעלי חיים הוא נמצא יותר ויותר בחנם, וכל מה שימעט צורך הכרחי, הוא נמצא יותר מעט והוא יקר מאד.

כי הענין ההכרחי לאדם על דרך משל, הוא האויר, והמים, והמזון. אמנם צורך האויר יותר חזק. שאם יפקדהו קצת שעה ימות. אבל המים יעמוד בלעדיו יום או יומים. והאויר יותר נמצא ויותר בזול בלא ספק.

וצורך המים יותר מצורך המזון. כי כשישתה ולא יאכל יעמדו קצת בני אדם ארבעה ימים או חמשה מבלתי מזון. ואתה תמצא המים בכל מדינה ומדינה יותר נמצא ויותר בזול מהמזון.

וכן ימשך הענין במזונות מה שהוא צורך יותר נמצא יותר ויותר בזול במקום ההוא ממה שאינו הכרחי. אמנם המוס"ק והענב"ר והאודם והברקת איני חושב

שאחד משלמי הדעת יחשוב שיש לו צורך גדול לאדם אלא לרפואה. והנה יעמדו במקומם ובמקום הדומים להם הרבה מן העשבים ומן העפרים.

זהו פרסום גמילות חסדי השם יתברך למציאותו ואפילו בחק זה החי החלוש.

Cuanto más necesario algo es para los seres vivientes, más abundante y barato es. Cuanto menos necesario, más raro y preciado.

El aire, el agua y el alimento, son elementos indispensables para la humanidad. El más necesario es el aire: mientras que el hombre perece si llega a faltarle el aire por tan sólo un breve lapso, puede subsistir sin agua durante uno o dos días. Efectivamente, el aire es mucho más abundante, accesible y barato que el agua.

Por otro lado, el agua es más necesaria que el alimento; hay quienes pueden sobrevivir cuatro o cinco días sin comer, siempre y cuando tengan acceso al agua.

Ciertamente, en todos los países el agua existe en cantidades mayores a la comida, y también es más barata.

La misma relación puede observarse en los distintos tipos de comidas; aquellas que son más necesarias son encontradas en cantidades mayores, y son más baratas que aquellas que son menos necesarias.

Creo que ninguna persona inteligente considera que el almizcle, el ámbar, los rubíes y la esmeralda sean muy necesarios para el hombre excepto como medicina; y también ellas, al igual que otras sustancias similares, pueden ser reemplazadas en esta función por otras hierbas y minerales. Esto demuestra la bondad de Dios hacia Sus criaturas, incluso hacia el frágil ser humano.

Texto 10

El Rebe, *Igrot Kodesh* 20:41

מאשר הנני קבלת מכתבה . . . ולמרות סגנון כתבה ותוכנו . . . לא
אבדתי חס ושלום תקותי, אשר סוף סוף לא רק תראה את הטוב בחיים,
כולל גם חיי-ה, אלא שבראי' זו תבוא בהרגשה בלב . . .

בעולמנו זה הכל מעורב טוב ורע, ועל האדם לבחור מה להדגיש
ובמה להתבונן, ובמה להתענין, כי בחיי כל אחד ואחת שני
דרכים ישנם, לראות את הטוב הסובב אותו או וכו' . . .

והרי מאלפנו סיפור חז"ל, אשר אדם הראשון, עוד קודם הגירוש בהיותו
בגן עדן, התאונן על עניניו, וקראוהו כפוי טובה, ובבני ובנות ישראל,
שנמצאו במחנות ההסגר של האשכנזים ימח שמם ובתקופה הכי
איומה רחמנא ליצלן, ברכו ברכת השחר וכו' הודאה וברכה לבורא עולם
ומנהיגו, והרי סוף סוף כל אחד ואחת הוא **בין** הקצוות האמורים.

מובן וגם פשוט, שאין בהנ"ל חס ושלום ענין של הצדקת הדין
על מי שהוא, ובפרט וכו', כי אם הדגשת המציאות כמו שהיא.
והנקודה - אשר אופן וסוג חיי האדם, אם חיים מלאים שביעת רצון
ותוכן, או בקו ההפכי, תלוי במדה חשובה וגדולה - ברצון האדם,
המושל בראית עין שכלו להסתכל לצד ימין או לצד שמאל.

Confirmo la recepción de tu carta... A pesar de su tono y contenido...no he perdido, Dios no lo quiera, la esperanza de que eventualmente puedas apreciar todo lo bueno que tiene la vida, incluyendo lo bueno que hay *en tu propia* vida, y que esto pueda causar un impacto positivo en tus emociones y estado de ánimo...

Nuestro mundo, y todo lo que lo compone, es una mezcla entre el bien y el mal. Los seres humanos deben elegir en qué aspectos hacer hincapié, qué contemplar, y qué fines perseguir.

Igrot Kodesh

Selección de cartas escritas, en hebreo y en idish, por el Rebe. Se han publicado en 30 volúmenes desde el año 2014. Las cartas están publicadas en orden cronológico, comenzando en el año 1925 y finalizando en el 1975. Sólo fueron publicadas aquellas cartas relevantes al público, y toda la información personal fue eliminada. Las cartas cubren una gran variedad de temas: activismo comunitario, filosofía de Jabad, Talmud, ley judía, kabalá, consejos prácticos, y mucho más.

Toda persona puede elegir entre dos caminos: ver el bien o [lo opuesto]. . . .

Nuestros sabios nos cuentan algo muy educativo: que Adán era un ingrato. Incluso antes de ser expulsado del Jardín del Edén, [mientras vivía, literalmente, en el paraíso], ya se quejaba de las circunstancias que le tocaba vivir. Por otro lado, hombres y mujeres judías agradecían y bendecían al Creador, recitando las bendiciones matutinas desde los campos de concentración alemanes. Al fin y al cabo, todos se encuentran en algún punto de estos dos extremos... Obviamente, no es mi intención insinuar que alguien merezca el sufrimiento, Dios no lo quiera. Mi punto es simplemente remarcar la realidad: el tipo de vida que llevamos, ya sea plena y significativa, o lo opuesto, depende en gran medida de nuestra fuerza de voluntad, que dictamina si enfocarnos en lo positivo o en lo negativo.

Texto 11

El Rebe, *Likutei Sijot* 35:345–346

יש לומר **בדרך אפשר** - לולא ההזמנה דהנפטרת עלי' השלום לחגיגת הספר תורה - הייתה נמצאת **בהתחלת** אַטאק האחרונה שלה - בסביבה שונה לגמרי: ברחוב, או בבית נכרים, על כל פנים - זרים, שלא בנוכחות רופא וידיד ודתי ושברגעים האחרונים שלה שמעה דברי עידוד וראתה פנים דבני ישראל ידידים וכו'. - והאפשר לשַער 1) החילוק בין ב' המצבים? 2) כמה לעבט איבער בן אדם בכל רגע ורגע דרגעיו האחרונים . . . !?

על פי תורת הבעל שם טוב - אפשר **דאחד** הטעמים **האמתים** שעוררו מן השמים את . . . לנדב ספר תורה וכו', הוא בכדי – שעל ידי זה הנה (סוף סוף) תהי' **עלית** הנשמה דהצעירה מתוך **שלוה פנימית** ובבית יהודי, ובבית שהסימן והשמירה שלו הוא מזוזה, שהתחלתה: שמע ישראל ה' אלקינו ה' אחד.

Sugiero lo siguiente:

Si la difunta no hubiera estado invitada a la celebración de inauguración de un nuevo Sefer Torá, habría sufrido su ataque fatal en otra ubicación muy distinta; quizás en la calle, o entre extraños. No habría podido ser asistida por un médico, que en este caso era un amigo muy querido y compartía sus valores religiosos. No habría escuchado palabras de aliento ni estado rodeada por sus amigos y correligionarios durante sus últimos momentos de vida. Se entiende la gran diferencia que existe entre estos dos escenarios. Es más, considera cuán significativos son los últimos momentos en la vida de una persona moribunda...

Basándonos en las enseñanzas del Baal Shem Tov [en cuanto a la providencia divina], es posible que una de las verdaderas razones por las cuales Dios inspiró a fulano y a mengano a donar el nuevo Sefer Torá, fue para permitir el ascenso tranquilo del alma de esta joven judía, y que ocurriese dentro de una casa judía, protegida por una *mezuzá*, cuyas primeras palabras son: "Oye, O Israel, el Señor es nuestro Dios, el Señor es uno."

Los Hippies (Opcional)

PREGUNTA PARA DEBATIR

¿Puedes identificar el 'elemento de jardín' en el movimiento contracultural de los años 1960?

Texto 12a

El Rebe, *Sijot Kodesh* 5730, 1:610–611

אז מ'האט טענות צו די יוגנד פארוואס זיי זיינען מהרס אט די ענינים וואס ס'האט זיך איינגעשטעלט און דאס וואס ווערט אנגערופן בלשון המדינה "עסטאבלישמענט" איז די ערשטע טענה דארף מען האבן צו זייערע מחנכים... וואס בשעת מען האט געוואלט ביי זיי פועל'ן זיי זאלן זיך פירן ווי ס'דארף צו זיין האט מען זיי דאס מסביר געווען אז אזוי ווי א תכלית פון א מענטש'ן איז ער זאל האבן א שיינע דירה און ער זאל האבן א שיינע אקאנט אין באנק, און בשעת מ'וועט איינלאדן אויף א באנקעט זאל מען עם זעצן אויבן אן, און דערצו זאל ער האבן ניט איין מכונה, ניט איין

קאדילאק, נאר צוויי, פאר זיך און פאר דער פרוי . . . בשעת דאס ווערט
דער גאנצער יסוד אויף וועלכע מ'בויט דער ארור המן וברוך מרדכי . . . איז
פארשטאנדיק פארוואס סוף כל סוף פלאצט די געדולט אויף דעם שקר . . .

וויבאלד אז זיי האלטן אין מיטן וועג דאס מבטל זיין, טאר מען זיי ניט לאזן
בלאנדז'שען אין מיטן, און ס'דארף זיין בדרך החינוך "חנוך לנער" דארף
דאס זיין "על פי דרכו", בדרכי נועם ובדרכי שלום, אויף צובריינגען זיי צו א
טיפערן פארשטאנד אז המן מוז זיין ארור און אז מרדכי דארף זיין ברוך.

Las quejas acerca de la generación más joven, de que están destruyendo el sistema, el llamado 'establecimiento', deberían ser dirigidas a quienes educaron a los que pertenecen a ella. Cuando padres y docentes enseñaban a la generación más joven cómo comportarse apropiadamente, les explicaban que esto significaba poder comprar una linda casa, tener una gran cuenta bancaria, ser propietario de dos Cadillacs, ('el de él' y 'el de ella'), tener muchos honores y sentarse en la cabecera en los banquetes de gala... Cuando ésta es la razón para elegir entre el bien y el mal...es comprensible que en última instancia los jóvenes pierdan la paciencia para tales falsedades...

Los jóvenes están en un proceso, en un viaje espiritual. No podemos permitir que se desvíen del rumbo y se pierdan. Debemos educarlos según sus necesidades, de una forma gentil y placentera, y ayudarlos a lograr un entendimiento apropiado del bien y del mal.

Texto 12b

El Rebe, *Torat Menajem* 5728, 3:131

דוקא בגלל שהנוער הם חוצפנים ועזי פנים, ואינם מתפעלים משום דבר, לא מהעולם, לא מההורים ובני המשפחה, וגם לא ממה שהם בעצמם הבינו אתמול . . . אלא מכריזים: היום אנחנו בני חורין לעשות מה שאנחנו רוצים (ובפרט כפי שרואים בשבועות האחרונים, שעורכים שביתות וכו') – דוקא בגלל זה נקל יותר להביא אותם לדרך האמיתית של קיום התורה ומצות! . . .

וכאשר יפעלו זאת על הנוער, הנה לא זו בלבד שהם עצמם יהפכו להיות שומרי תורה ומצות, אלא עוד זאת, שמצד טבעם שאינם מתפעלים מאף אחד, יפעלו גם על אחרים, ועד שיהפכו את כל העולם כולו להיות על פי היושר והצדק והמשפט.

Torat Menajem

Una traducción al hebreo de la transcripción de los discursos del Rebe. Esta obra también es exhaustivamente complementada con referencias cruzadas y notas al pie. Más de 90 volúmenes han aparecido en esta serie desde el año 2014, abarcando los períodos 1950-1968 y 1982-1992. El Rebe no editó ni revisó la precisión de estas publicaciones.

Los jóvenes son osados, tienen jutzpá, y no son disuadidos por nada – ni por la opinión mundial, ni por sus padres o familiares, y ni siquiera por sus propias opiniones formuladas el día anterior... En cambio, proclaman con orgullo su libertad absoluta para hacer todo lo que desean. (Esto se ha vuelto evidente especialmente en las últimas semanas, en sus huelgas y protestas, etc.). ¡Justamente por su jutzpá es que es más fácil atraerlos hacia el camino verdadero, el de la Torá y las *mitzvot!*...

Cuando inspiramos exitosamente a los jóvenes, no se conformarán sólo con un cumplimiento personal de la Torá, sino que – debido a su espíritu feroz e indomable – también inspirarán a terceros a hacer lo mismo. Serán una fuerza imparable que transformará al mundo entero y lo llevará a alinearse con la integridad y la justicia.

Puntos clave

1. Dios nos confió la tarea de mejorar el mundo. Debemos mantener una perspectiva optimista y percibir al mundo de forma positiva, en aras de asegurar nuestra motivación y el éxito de esta misión.

2. Dios se refiere a este mundo como Su "jardín", de dicha manera atestiguando su inherente belleza e infinita bondad. Percibir que este mundo es un maravilloso lugar no es una cuestión subjetiva, sino que está basado en la realidad, en tomar consciencia de que Dios está presente y que se nos revela en todo detalle de la Creación.

3. La bondad del mundo no se limita a una perspectiva divina, sino que llena la Creación de una manera que puede ser percibida por nosotros, al menos parcialmente, aunque sea necesario realizar un esfuerzo para identificar la bondad.

4. Dios deseaba tener un "mundo inferior", en el cual los habitantes no reconocieran Su presencia de forma intuitiva, pero sí pudieran revelar que cada parte del mundo está en perfecta armonía con su esencia divina.

5. El "instinto del mal" humano nos concede una oportunidad maravillosa. El hecho de que existe, nos permite domarlo y canalizarlo hacia propósitos positivos, logrando hacer de este mundo un lugar mejor, y cumpliendo el propósito por el cual fuimos creados.

6. No debemos desesperarnos ante un desafío, sino aprovechar la oportunidad para crecer. Saber que la benevolencia de Dios impregna todos los aspectos de nuestras vidas, nos permite ver a las adversidades como realmente lo son – una oportunidad para obtener una ganancia incomparable.

7. El dolor y el sufrimiento desafían nuestra capacidad de mantener una perspectiva positiva. No obstante, debemos intentar identificar y concentrarnos en el tremendo bien presente en el mundo en general y en nuestras vidas en particular, que a veces damos por sentado. No debemos permitir que lo negativo afecte nuestra autoimagen global, ni tampoco la imagen que tenemos del mundo que nos rodea.

Apéndice A

Martin E. P. Seligman, *Optimismo aprendido* [Nueva York: Vintage Books, 2006], p. 5

Martin E. P. Seligman, PhD
1942-

Destacado psicólogo y autor de bestsellers. En el año 1998 Seligman fue Presidente de la Asociación Americana de Psicología, y una de sus iniciativas presidenciales fue la promoción de la psicología positiva como un campo dentro de los estudios científicos. Es líder en el campo de la psicología positiva, la resiliencia, la impotencia aprendida, la depresión, el optimismo, y el pesimismo. Ha escrito más de 250 publicaciones académicas y 20 libros, entre ellos *Prospera, La felicidad auténtica*, y *Optimismo aprendido*.

Literalmente, cientos de estudios muestran que los pesimistas se rinden más fácilmente, y se deprimen con mayor frecuencia. Estos experimentos también encontraron que la gente optimista tiene un mejor rendimiento escolar y universitario, laboral y deportivo. Cuando los optimistas se postulan a elecciones, son más propensos que los pesimistas a ser elegidos por la gente. Gozan de una salud inusitadamente buena. Envejecen bien, y sufren menos los males típicos de la mediana edad que la mayoría de nosotros. La evidencia sugiere que incluso pueden ser más longevos.

Apéndice B

Miriam Adahan, *Todo es un regalo* [Jerusalén: Feldheim Publishers, 1992], pp. 2–3

Miriam Adahan

Psicóloga y terapeuta. Adahan fundó EMETT ("Madurez Emocional Establecida a Través de la Torá") – una red de grupos de autoayuda dedicados al crecimiento personal. Ella vive en Jerusalén.

Cuando me fui a vivir a Eretz Israel, en el año 1981, vivimos por un tiempo en un centro de absorción. Allí me hice amiga de una joven viuda, que había venido de Irán con sus cuatro hijos un año y medio atrás. A pesar de que ella vivía en un diminuto monoambiente, y trabajaba como administrativa en la oficina del correo, tenía una dignidad regia, que daba indicios de un pasado refinado. A medida que nuestras hijas de 11 años de edad fueron haciéndose mejores amigas, me contó la historia de su vida previa.

En Irán habían sido muy adinerados, tenían sirvientes, autos de lujo, y se tomaban vacaciones en el exterior. Luego derrocaron a los Shah y comenzó el reinado del terror en contra de los judíos. Un día una pandilla de matones entró al negocio de alfombras de su marido, y lo balearon, provocándole la muerte. Empaparon las paredes con su sangre, mientras lo proclamaban agente del Shah.

Cuando fue informada de la espantosa tragedia, la angustiada viuda supo que debía abandonar inmediatamente Irán si quería salvar su vida y la de sus hijos. Desesperadamente intentó mantener la calma y el control, y contactó a un hombre que se sabía ayudaba a los judíos a escapar a Turquía vía las traicioneras montañas.

Debido a que no estaba permitido viajar sin un permiso, y la venta de cualquier artefacto doméstico podría despertar sospechas, se vio obligada a dejar atrás toda su riqueza. No podía contarle a nadie acerca de sus planes, ni siquiera a sus propios hijos. Tampoco podía llevar valijas, ya que algún vecino podría verla y denunciarla ante la policía.

Temblando, e intentando que su miedo no fuera tan evidente, tomó todo el efectivo y joyas que estaban a su alcance, le dijo a los niños que se iban de compras, y dejó su casa para nunca más volver. En la oscuridad de la noche, se encontraron con el guía en la punta de la ciudad de Teherán. Le entregó la mayoría de su dinero, y ahí comenzó la pesadilla para esta valiente viuda y sus cuatro hijos, la menor una niña de tres años de edad.

Los primeros días pasaron 18 horas por día, sin parar, sobre camellos. El dolor que sufrieron era tan terrible que frecuentemente sentían que colapsarían. La madre sufrió un daño permanente en su espalda. Sin embargo, cada vez que se quejaban, su guía les gritaba, amenazaba con dispararles si decían tan solo otra palabra. No tenían más opción que continuar. En determinado momento, unos bandidos iraníes le robaron el resto de su dinero y joyas.

Durante el día se quemaban con el sol, y por las noches se congelaban. A medida que las montañas se volvían más empinadas, comenzaron a montar burros. A menudo, los precipicios eran tan estrechos que tan solo un movimiento erróneo habría significado la muerte, ya que tanto el burro como su jinete caerían al abismo.

En una ocasión, en su afán por cruzar rápido un arroyo congelado, todos perdieron sus zapatos en el barro. Por lo tanto, cuando llegaron al otro lado, tuvieron que caminar descalzos sobre plantas de cactus pinchudos y piedras filosas. Haciendo muecas de dolor, hicieron lo posible por no gritar mientras las espinas y piedritas les cortaban la piel. A pesar de estar casi paralizados por el dolor y el cansancio, la madre y su hijo mayor se turnaron para cargar a la hija menor.

En otro momento, tuvieron que atravesar un puente muy débil, hecho de sogas y maderas, que conectaba dos altas montañas. Parecía que las sogas no podrían sostener ni su propio peso, y mucho menos un grupo de atemorizados refugiados judíos. Mirando hacia el abismo, la madre se paralizó completamente del miedo, gritando que era imposible seguir. Una vez más, el guía tomó su arma y los amenazó a muerte si no avanzaban. Tomó a su hija menor de la mano y se obligó a sí misma a tomar las sogas, avivada por el enojo que tenía hacia este guía iraní que los trataba tan bruscamente.

Después de dos semanas y media de continua tortura, el pequeño grupo de refugiados judíos llegó a la frontera con Turquía. Allí, el guía que siempre había sido muy brusco, abrazó cálidamente a cada niño y les dijo: "antes de que los deje, quiero decirles que yo también soy judío. Siento mucho tener que haber sido tan duro. Pero si los hubiera tratado amablemente, no lo habrían logrado. Tuve que asustarlos para que puedan avanzar, sino no habrían podido hacerlo." Y con lágrimas en sus ojos, continuó diciendo: "Estoy orgulloso de todos y cada uno de ustedes. Son verdaderos *guiborim* [héroes]." Y sin más, dio media vuelta y volvió en dirección a Irán.

Al igual que esta heroica familia, nosotros también estamos en un viaje, que a menudo es traicionero y lleno de dolor. Pero hay una cosa que sabemos con certeza: cuando lleguemos al Mundo de la Verdad, veremos que nuestro Guía siempre nos amó, y que todas las dificultades que pasamos en este mundo fueron necesarias para poder revelar la grandeza y divinidad en cada uno de nosotros y en los demás.

CLASE 2

Logrando tu potencial

Es importante poder explorarse a uno mismo. No obstante, esto a menudo revela y pone en evidencia nuestras deficiencias. Ignorarlas es ser ingenuo y, sin embargo, reconocerlas es perturbador. ¿Cómo podemos amarnos a nosotros mismos incondicionalmente, sin ser víctimas de la inercia y complacencia que nos impiden alcanzar nuestro potencial? Descubrir el alma divina que tenemos dentro de nosotros - su existencia y su relevancia práctica – redefinirá cómo nos vemos a nosotros mismos, a nuestros defectos, y a nuestro potencial latente.

Introducción

Conócete a ti mismo

EJERCICIO DE APRENDIZAJE 1A

¿Quién eres? Descríbete

EJERCICIO DE APRENDIZAJE 1B

¿Quién eres? Descríbete (nuevamente)

EJERCICIO DE APRENDIZAJE 2

¿Qué tipo de cosas, interacciones, o fenómenos te hacen sentir importante?	
¿Qué te gustaría conseguir, pero consideras que es demasiado difícil de lograr?	

Una combinación única

PREGUNTA PARA DEBATIR

¿Las personas exigentes, suelen ser cariñosas y sensibles?

Explica tu razonamiento.

La corte unánime (Sección opcional)

Texto 1

Talmud, Sanedrín 17a

סנהדרי שראו כולן לחובה פוטרין אותו.

Si el Sanedrín decide, de forma unánime, que el acusado es culpable (en un caso capital); éste es absuelto.

Talmud de Babilonia

Una obra literaria de proporciones monumentales que abarca las tradiciones legales, espirituales, intelectuales, éticas e históricas del judaísmo. Los 37 tratados del Talmud contienen las enseñanzas de los sabios judíos del período comprendido entre la destrucción del 2ndo Templo y el siglo V de nuestra era. Ha servido como el vehículo primario de trasmisión de la ley oral y la educación de los judíos a través de los siglos; es la puerta de entrada para todo el pensamiento judío legal, ético, y teológico.

PREGUNTA PARA DEBATIR

¿Cuál es la lógica subyacente en esta ley tan peculiar?

Tu Kabalá

Desnudando al alma

Texto 2

Rabí Shneur Zalman de Liadí, *Tania*, cap. 1–2

דלכל איש ישראל אחד צדיק ואחד רשע יש שתי נשמות . . . נפש
אחת מצד הקליפה וסטרא אחרא . . . וממנה באות כל המדות רעות
. . . ונפש השנית בישראל היא חלק אלו-ה ממעל ממש.

Todo judío, independientemente de su nivel espiritual, posee dos almas… Una de ellas, la mundana, la que no es santa… es la fuente de todos los rasgos humanos indeseables… La segunda alma del judío es – literalmente – parte de Dios.

Rabí Shneur Zalman de Liadí
(Alter Rebe)
1745-1812

Rebe jasídico, autoridad halájica, fundador del movimiento Jabad. El Alter Rebe nació en Liozna, Bielorusia, y fue uno de los alumnos principales del Maguid de Mezeritch. Sus numerosas obras incluyen el *Tania*, un clásico de los fundamentos del jasidismo de Jabad, y el *Shuljan Aruj Harav*, un código de ley judía.

¿Podría identificarse el "verdadero yo"?

EJERCICIO DE APRENDIZAJE 3

Haz una lista de actividades que has realizado en el término de las últimas veinticuatro horas, y divídelas en dos categorías en las columnas que figuran a continuación: por un lado las que provienen de tu consciencia natural (centrada en ti mismo) y por el otro las que provienen de tu consciencia divina.

Consciencia natural	Consciencia divina

Texto 3

El Rebe, *Likutei Sijot* 11:71, y fn. 51

עיקר מציאותו של איש הישראלי היא נפשו
האלקית, שהיא חלק אלקה ממעל ממש.

ואף שבבינונים (וכל שכן אלו למטה ממדריגת הבינונים) הנפש הבהמית "היא
היא האדם עצמו" (תניא פרק כ"ט), הרי זהו רק בחיצוניות אבל בפנימיות
ובאמתית הרי כל איש ישראל אפילו קל שבקלים מוכן למסור נפשו על
קידוש השם (שם פרק יח) כי נפשו האלקית היא אמיתית מציאותו.

La identidad principal del judío corresponde al alma divina, que es literalmente parte de Dios. A pesar de que el *Tania* (cap. 29) afirma que la consciencia natural constituye la esencia misma de todos aquellos que no son *tzadikim,* esto sólo es cierto superficialmente. La parte más profunda de nuestra identidad – y por ende la más verdadera – es nuestra consciencia divina. Esto es evidente en la disposición de todo judío, incluso aquel que se encuentra en los más bajos niveles espirituales, de entregar sus vidas antes de renunciar a su fe judía.

Likutei Sijot

Considerado el magnum opus del Rebe, los 39 volúmenes de *Likutei Sijot* destacan ensayos académicos relacionados con los temas de la porción semanal de la Torá y las festividades judías. El Rebe inicialmente transmitía estos temas en sus discursos públicos, y luego los reescribía para publicarlos. En algunos volúmenes estos ensayos aparecen en idish, mientras que otros están en hebreo. La mayoría de los volúmenes también contienen una colección de cartas del Rebe.

No es ningún secreto

Texto 4

El Rebe, *Sefer Hasijot* 5750, 1:381

וואלט מען געקענט מיינען, אז דער דמיון צווישן עם ישראל און כביכול דער אויבערשטער (מלך) איז נאר מצד זייער נשמה ובפנימיות (ולולא עבודת האדם קומט עס ניט ארויס בגלוי) . . .

ווי פארשטאנדיק אויך פון דער הוספה אין תניא אויף דעם לשון הכתוב אז א נשמה איז "חלק אלוקה ממעל", און אין תניא איז ער מוסיף ומבאר: "**ממש**". וכידוע, אז נוסף צו דעם פירוש, אז דאס מיינט "ממש" א "חלק אלוקה ממעל" (און ניט א מעין ודוגמא לזה), האט עס אויך דעם פירוש, אז דער "חלק אלוקה ממעל" איז זיך מתלבש אין דעם גוף הגשמי באופן פון "ממש", ביז אז מ'קען דאס אנטאפן מיטן חוש המישוש. ויש לפרש בזה, אז די ממשיות פון א גוף חי פון א איד (וועלכע מ'קען אנטאפן בממשות) און פון אלע זיינע כחות, ווערט באלעבט פון דעם "חלק אלוקה ממעל", און אלע תנועות הגוף שלו (תנועות אצבעות היד וכיוצא בזה), אפילו אין אן ענין של רשות וחול, איז א גילוי החיות פון זיין נפש האלקית.

Uno puede llegar a concluir, erróneamente, que nuestra semejanza a lo divino se limita únicamente a nuestras almas y a los más íntimos huecos de nuestra consciencia (y que no se manifiesta explícitamente si no fuera por nuestros esfuerzos para revelarla y actuar acorde a ella)...

[Pero no es así.] El *Tania*, cuando describe que el alma es parte de Dios, agrega la palabra m*amash*, que quiere decir "literalmente", o "tal cual", e implica que el alma es realmente parte de Dios, y no meramente divina en algún sentido limitado.

Sefer Hasijot

Es una serie de 12 volúmenes de discursos del Rebe, que se desarrollaron entre los años 1986 y 1992. Durante este tiempo, el Rebe regularmente revisaba y editaba (partes de) sus discursos transcriptos, para luego poder publicarlos. El idioma varía entre el hebreo y el idish. Estos discursos eran publicados en dos periódicos semanales: el *Algemeiner Journal* (idish) y el *Kfar Jabad* (hebreo).

Sin embargo, la palabra *mamash* también puede traducirse como "tangiblemente". Esto significa que nuestro núcleo divino se vuelve tangible y se manifiesta dentro de nuestros cuerpos, en todas sus funciones y actividades. Todos los movimientos corporales (por ejemplo un gesto con los dedos), incluso mientras nos encontramos realizando una actividad mundana, son de hecho una manifestación del alma divina.

FIGURA 2.1

Extractos de la liturgia de Rosh Hashaná

rael. Bendícenos, Padre nuestro, a todos nosotros como uno, con la luz de Tu rostro. Pues con la luz de Tu rostro nos diste, Adonai nuestro Dios, la Torá de vida y amorosa bondad, rectitud, bendición y misericordia, vida y paz. Sea favorable a Tus ojos bendecir a Tu pueblo Israel, en todo tiempo y en cada momento, con Tu paz.

KULÁNU KEEJÁD, BEÓR PANÉJA. KI VEÓR PANÉJA, NATÁTA LÁNU ADONÁI ELOHÉINU TORÁT JAÍM, VEÁHAVAT JÉSED, UTZDAKÁ UVRAJÁ VERAJAMÍM VEJAÍM VESHALÓM. VETÓV BEEINÉJA LEVARÉJ ET AMJÁ ISRAÉL BEJÓL ET UVJÓL SHAÁ BISHLOMÉJA.

וּבְסֵפֶר Y en el Libro de la vida, la bendición, la paz y la prosperidad, la salvación, el consuelo y los decretos favorables, seamos nosotros y todo Tu pueblo, la Casa de Israel, recordados e inscriptos ante Ti para una vida feliz y para la paz. Bendito eres Tú Adonai, que bendice a Su pueblo Israel con la paz.

UVESÉFER JAÍM BRAJÁ VESHALÓM UFARNASÁ TOVÁ IESHUÁ VENEJAMÁ UGZEIRÓT TOVÓT NIZAJÉR VENIKATÉV LEFANÉJA, ANÁJNU VEJÓL AMJÁ BÉIT ISRAÉL, LEJAÍM TOVÍM ULESHALÓM. BARÚJ ATÁ ADONÁI, HAMEVARÉJ ET AMÓ ISRAÉL BASHALÓM.

אֱלֹהֵינוּ Dios nuestro y Dios de nuestros padres, reina sobre el mundo entero en Tu gloria, sé ensalzado sobre toda la tierra en Tu esplendor, y revélate en la majestad de Tu glorioso poderío sobre todos los habitantes de Tu mundo terrenal. Que todo lo que ha sido hecho sepa que Tú lo has hecho; todo lo que ha sido creado comprenda que Tú lo has creado; y declare todo el que posee aliento [de vida] en sus narices que Adonai, Dios de Israel, es Rey y Su reinado tiene dominio sobre todo. (Dios nuestro y Dios de nuestros padres, plázcate hallar favor en nuestro descanso.) Santifícanos con Tus mandamientos y concédenos nuestra porción en Tu Torá; sácianos con Tu bondad y alegra nuestra alma con Tu salvación. (Adonai nuestro Dios, léganos, con amor y buena voluntad, Tu sagrado Shabat, y que todo Israel que santifica

ELOHÉINU VELOHÉI AVOTÉINU, MELÓJ AL HAOLÁM KULÓ BIJVODÉJA, VEHINASÉ AL KOL HAÁRETZ BIKARÉJA, VEHOFÁ BAHADÁR GUEÓN UZÉJA AL KOL IOSHVÉI TEVÉL ARTZÉJA, VEIEIDÁ KOL PAÚL KI ATÁ FEALTÓ, VEIAVÍN KOL IETZÚR KI ATÁ IETZARTÓ, VEIOMÁR KOL ASHÉR NESHAMÁ VEAPÓ: ADONÁI ELOHÉI ISRAÉL MÉLEJ, UMALJUTÓ BAKÓL MASHÁLA. (ELOHÉINU VELOHÉI AVOTÉINU, RETZÉ NA VIMNUJATÉINU,) KADSHÉINU BEMITZVOTÉJA, VETÉN JELKÉINU BETORATÉJA, SABÉINU MITUVÉJA VESAMÉAJ NAFSHÉINU BISHUATÉJA, (VEHANJILÉINU ADONÁI ELOHÉINU BEAHAVÁ UVRATZÓN SHABÁT KODSHÉJA VEIANÚJU VO KOL ISRAÉL MEKADSHÉI SHEMÉJA,) VETAHÉR LIBÉINU

פָּנֶיךָ, כִּי בְאוֹר פָּנֶיךָ נָתַתָּ לָּנוּ יְיָ אֱלֹהֵינוּ תּוֹרַת חַיִּים וְאַהֲבַת חֶסֶד, וּצְדָקָה וּבְרָכָה וְרַחֲמִים וְחַיִּים וְשָׁלוֹם, וְטוֹב בְּעֵינֶיךָ לְבָרֵךְ אֶת עַמְּךָ יִשְׂרָאֵל בְּכָל עֵת וּבְכָל שָׁעָה בִּשְׁלוֹמֶךָ.

וּבְסֵפֶר חַיִּים בְּרָכָה וְשָׁלוֹם וּפַרְנָסָה טוֹבָה, יְשׁוּעָה וְנֶחָמָה וּגְזֵרוֹת טוֹבוֹת, נִזָּכֵר וְנִכָּתֵב לְפָנֶיךָ, אֲנַחְנוּ וְכָל עַמְּךָ בֵּית יִשְׂרָאֵל, לְחַיִּים טוֹבִים וּלְשָׁלוֹם. בָּרוּךְ אַתָּה יְיָ, הַמְבָרֵךְ אֶת עַמּוֹ יִשְׂרָאֵל בַּשָּׁלוֹם:

אֱלֹהֵינוּ וֵאלֹהֵי אֲבוֹתֵינוּ, מְלוֹךְ עַל הָעוֹלָם כֻּלּוֹ בִּכְבוֹדֶךָ, וְהִנָּשֵׂא עַל כָּל הָאָרֶץ בִּיקָרֶךָ, וְהוֹפַע בַּהֲדַר גְּאוֹן עֻזֶּךָ עַל כָּל יוֹשְׁבֵי תֵבֵל אַרְצֶךָ, וְיֵדַע כָּל פָּעוּל כִּי אַתָּה פְעַלְתּוֹ, וְיָבִין כָּל יְצוּר כִּי אַתָּה יְצַרְתּוֹ, וְיֹאמַר כֹּל אֲשֶׁר נְשָׁמָה בְאַפּוֹ: יְיָ אֱלֹהֵי יִשְׂרָאֵל מֶלֶךְ, וּמַלְכוּתוֹ בַּכֹּל מָשָׁלָה: (אֱלֹהֵינוּ וֵאלֹהֵי אֲבוֹתֵינוּ, רְצֵה נָא בִמְנוּחָתֵנוּ,) קַדְּשֵׁנוּ בְּמִצְוֹתֶיךָ, וְתֵן חֶלְקֵנוּ בְּתוֹרָתֶךָ, שַׂבְּעֵנוּ מִטּוּבֶךָ וְשַׂמַּח נַפְשֵׁנוּ בִּישׁוּעָתֶךָ, (וְהַנְחִילֵנוּ יְיָ אֱלֹהֵינוּ בְּאַהֲבָה וּבְרָצוֹן שַׁבַּת

PREGUNTA PARA DEBATIR

¿Cuál de estos rezos te mueve más, y es más probable que lo recites más intensamente y con emoción? ¿Por qué?

Texto 5

El Rebe, *Likutei Sijot* 19:296

אידן ווערן נתעורר ביים זאגן "ונתנה תוקף כו' מי ינוח כו" פון טיפעניש פון הארצן נאך מערער ווי די התעוררות ביים זאגן "מלוך על העולם כולו בכבודך" כו' . . .

אף על פי אז דער טעם גלוי אויף דעם איז ווייל זייענדיק א נשמה בגוף, זיינען עניני עולם הזה נעענטער צו אים און דערנעמען אים מער ווי ענינים רוחניים – איז אבער דער טעם פנימי אין דעם, ווייל די כוונה פון עצמותו ית' איז (דוקא) אין דירה **בתחתונים**, ובמילא דערנעמט עס אויך א אידן אין עצמיות הנפש שלו; און דערפאר ווערט ער נתעורר וכו' אין די בקשות דוקא, וואס בפנימיות איז דאס די הזזה עצמית פון עצם הנשמה צו אויספירן די כוונה העליונה צו מאכן די וועלט א דירה לו ית'.

Cuando recitamos el rezo *unetane tokef* [en el cual afirmamos que en ese día Dios decide] quién tendrá tranquilidad [y quién no], etc., algo se despierta en lo más profundo de nuestros corazones; y aún más al proclamar "Reina sobre el mundo entero en Tu gloria"...

La explicación más obvia para esto es el hecho de que a nosotros, almas investidas en cuerpos físicos, tenemos a las preocupaciones mundanas más cerca del corazón, y éstas nos interesan más que los asuntos espirituales. Sin embargo, en un nivel un poco más profundo, este fenómeno es explicado por el hecho de que nuestras almas perciben y reflejan el deseo de Dios de estar presente en nuestra experiencia física, de poder sentirlo. Es por eso que cuando le imploramos a Dios que nos otorgue bendiciones materiales, algo en la profundidad de nuestras almas se moviliza: es la expresión de nuestro deseo arraigado de implementar el plan divino [y obtener las herramientas y recursos que nos permitan] hacer de este mundo un hogar para Dios.

Un veredicto inaplicable (Sección opcional)

Texto 6

El Rebe, *Likutei Sijot* 29:119

עס זיינען דא אזעלכע וואס זייער טוב איז בהעלם לגמרי, אבער א מקצת פונעם טוב הנעלם קומט סוף סוף לידי איזה גילוי – ווארום דער טוב ביי א אידן איז ניט א דבר נוסף אויף זיין מהות . . . נאר דאס איז דער עצם און די אמיתיות פון זיין מציאות.

על פי זה איז מובן, אז יעדער איד, יהיה מי שיהיה, אויך בשעת ער איז עובר אן עבירה אויף וועלכן עס קומט מיתת בית דין, מוז זיין א לימוד זכות אויף אים, ווייל זיין אמת'ר רצון, זיין אמיתית **מציאותו** איז דער טוב **שבו**.

בשעת אבער אז סנהדרין "פתחו כולם בדיני נפשות תחלה ואמרו כולן חייב" . . . בנוגע צו אזא זאגט מען "הרי זה פטור": וויבאלד אז ביי אים איז דאך זיכער פאראן טוב, נאר **דער בית דין קען עס ניט** "געפינען" דערפאר וואס ער איז בתכלית ההעלם – קען דערפאר ביי אים ניט אויסגעפירט ווערן דער . . . פסק פון **דעם בית דין**.

En algunas personas la bondad innata está totalmente escondida. Sin embargo, como la bondad no es algo externo a nuestro ser… sino que constituye nuestra misma esencia y verdad de nuestra existencia;

inevitablemente un vestigio de dicha bondad oculta debe expresarse de alguna forma. Por consiguiente, se debería poder ver esto en cualquier individuo, incluso aquel que cometió algún crimen capital, porque su verdadero anhelo e identidad son la bondad misma que está en su núcleo.

Por esto es que se absuelve al acusado... en el caso de que el Sanedrín inmediatamente y de manera unánime resuelva que es culpable. Sin lugar a duda, el acusado es dueño de algún tipo de bondad, pero debido a que está oculta, no puede ser identificada por los miembros del Sanedrín. Por lo tanto, el veredicto de esta corte no puede aplicarse en el caso de este acusado.

Las implicancias prácticas de la divinidad

PREGUNTA PARA DEBATIR

¿Cuáles son las implicancias prácticas de ver y entender de esta forma al verdadero núcleo de nuestra identidad?

¿Por qué somos importantes?

Texto 7

Rabí Abraham J. Twerski, *Busca la sobriedad, encuentra la serenidad.* [Nueva York: Pharos Books, 1993], p. 327

Si conociéramos nuestra propia grandeza, no sentiríamos la necesidad de probárselo a nadie. Los niños se trepan a las sillas y anuncian a viva voz: "¡Vean cuán alto soy! Casi puedo tocar el techo."... Cuando crecemos todo esto cambia, ya no nos subimos a las sillas para demostrar nuestra altura. Sin embargo, el patrón subyacente no cambia; en el aspecto que sea que nos sentimos pequeños, intentamos mostrarle al mundo que somos grandes.

Dr. Rabí Abraham J. Twerski
1930–

Psiquiatra y destacado autor. Rabí Twerski es un descendiente de la dinastía jasídica Chernobyl, y un conocido experto en el campo del abuso de sustancias. Es autor de más de 50 libros de autoayuda y judaísmo, y es pionero en concientizar sobre los peligros de la adicción, el abuso conyugal, y una baja autoestima. Se desempeñó como director médico del Centro de Rehabilitación Gateway en Pittsburgh y como profesor asociado de psiquiatría en la Escuela de Medicina de la Universidad de Pittsburgh.

A menudo nos topamos con personas que se burlan de otros, o que intentan continuamente impresionar a la gente. Pensamos: "que ego tan inflado que tiene". Pero en realidad, dicha persona se siente terriblemente disminuida, e intenta desesperadamente convencer a los demás de cuán importante es. Esta persona anhela sentir que es valiosa, e intenta que le digan lo que quiere escuchar: el equivalente a "miren cuán alto que es Juancito" cuando el niño se para en la silla.

Texto 8

Rabí Tzvi Freeman, *Bajando el Cielo a la Tierra* II [Vancouver, B.C.: Class One Press, 2007], p. 195

Rabí Tzvi Freeman
1955-

Es rabino, escritor, y cuenta con un título en ciencias de la computación. Se desempeña como consultor, orador y experto en el campo de la tecnología educativa. Rabí Freedman ocupó puestos en la Universidad de British Columbia y la Digipen School of Computer Gaming. Rabí Freeman es autor de los libros *Bajando el Cielo a la Tierra* y *Los hombres, las mujeres y la Kabalá*. Es editor senior en chabad.org

No se puede llegar más profundo dentro de otra persona, que dentro de ti mismo. Si te amas por tus logros, tus activos actuales, la forma en que haces las cosas y manejas al mundo – y te odias por fracasar en dichos aspectos – entonces tu relación con un tercero también será temporaria y superficial. Para poder conseguir amar a otra persona profundamente, y de forma duradera, primero deberás experimentar la profundidad que hay dentro de ti – un núcleo interno que no cambia con el tiempo o las circunstancias. Si es la verdadera esencia, es la esencia que también se comparte con el tercero, y es inevitable amar de forma profunda.

La niña que gritó "lobo"

EJERCICIO DE APRENDIZAJE 4

En el año 2013, el Centro de Investigaciones Pew realizó una encuesta acerca de los judíos de los Estados Unidos de América, en el que se preguntó lo siguiente:

¿Puede una persona ser judía si:

. . . trabaja durante el Shabat?	**Sí / No**
. . . critica fuertemente a Israel?	**Sí / No**
. . . dice no creer en Dios?	**Sí / No**
. . . profesa creer en el mesías cristiano?	**Sí / No**

Texto 9

Talmud, Suká 56b

מעשה במרים בת בילגה שהמירה דתה, והלכה ונשאת לסרדיוט אחד ממלכי יוונים. כשנכנסו יוונים להיכל היתה מבעטת בסנדלה על גבי המזבח ואמרה: לוקוס לוקוס! עד מתי אתה מכלה ממונן של ישראל ואי אתה עומד עליהם בשעת הדחק.

Miriam, hija de Bilga, fue una apóstata que contrajo matrimonio con un oficial militar greco-sirio. Cuando los greco-sirios invadieron el Santuario, ella [se les unío y] pateó el altar con su sandalia, gritando, "¡Lobo! ¡Lobo! ¿Cuánto más seguirás consumiendo el dinero de Israel, sin acudir a su ayuda en tiempos de sufrimiento?"

PREGUNTAS PARA DEBATIR

1. **¿Cómo describirías a la relación de Miriam con su legado judío?**
2. **¿Existe alguna manera de encontrar algo positivo en su comportamiento irrespetuoso?**

Texto 10a

El Rebe, *Sijot Kodesh* 5735, 1:45

Sijot Kodesh

Son transcripciones (su gran mayoría en idish) de los discursos públicos del Rebe (en los *farbrenguen*) entre los años 1950 y 1981, publicados en 50 volúmenes. Los discursos que el Rebe daba en Shabat y las fiestas, días en los que está prohibido tomar apuntes y grabar, eran memorizados por un equipo entrenado (llamados *jozrim*) que luego los reconstruía y transcribía de memoria. El Rebe no editó ni revisó estás transcripciones.

אפילו המירה דתה, און אפילו נישאת לסרדיוט, און זי איז געגאנגען מיט די וואס האבן איינגענומען דעם בית המקדש, אריינגעטראגן אהינצו דער ענין פון א ד"א וואס מהאט דארט מקריב געווען, איז אף על פי כן, מאנט מען פון איר אט דאס וואס זי האט געקלאפט מיט א סנדל אויפ'ן מזבח . . .

זאגט מען ניין! וואו אפגעשניטן! וואס אפגעשניטן! דאס איז מערניט בחיצוניות . . . א אידישע מיידל וואס המירה דתה רחמנא ליצלן, ונישאת לסרדיוט, איז דעם אויבערשטן נוגע ווי אזוי זי וועט זיך פירן אז זי וועט דערזען דעם מזבח . . .

אט דא באווייזט מען די גרויסקייט פון א אידישע נשמה, אז וואס ס'איז ניט געווען בחיצוניות, און וואס ס'האט זיך מיט איר ניט געטאן, ביז א דבר הכי שפל, בלייבט ער "בשעת החטא היתה באמנה אתו", מיט עצמות ומהות אליין.

Miriam fue una apóstata, contrajo matrimonio con un enemigo del pueblo judío, y fue parte del grupo que invadió el Templo y ofrendó un cerdo en el altar. A pesar de todo esto, los sabios hacen hincapié en el hecho de que golpeó irrespetuosamente el altar con su sandalia…

[¿Por qué los sabios se enfocaron justamente en este acto? ¿Acaso esta ofensa no está eclipsada por el hecho de que ella cortó sus lazos con su legado judío?]

¡No, en lo absoluto!

¿Qué cortó? ¿Dónde? ¡Tal noción es completamente imposible!

Ella falló únicamente en los aspectos externos de su identidad... A pesar de que una judía niegue su fe y, Dios no lo quiera, se case con un enemigo de nuestro pueblo; [al estar aún íntimamente conectada a Dios], a Él le sigue importando de qué forma ella se comporta al acercarse al altar...

Esto demuestra la grandeza del alma. Independientemente de nuestro estado espiritual exterior, y de cuánto podemos habernos hundido, nuestras almas siguen siendo fieles a Dios, incluso cuando fallamos.

Texto 10b

El Rebe, ibid., p. 46

אפילו אין אזא מין מעמד ומצב פון "המירה דתה ונישאת לסרדיוט", און געגיינגען מיט די גויים וואס זיינען געגיינגען אין בית המקדש . . . וואס האט איר אבער געארט? פארוואס איז דער מזבח ניט מגין אויף א אידן? וואס דא זעט מען וואס א אידיש קינד איז: נישאת לסרדיוט, דער סרדיוט וואס האט מלחמה געהאלטן מיט אידן, און האט איינגענומען ירושלים, האט איינגענומען דעם בית המקדש, איינגענומען דעם מזבח, און זי גייט מיט עם מיט אלס אזא מין וואס איז שייכות צו אים, בשעת דערנאך אבער זי דערזעט וואס טוט זיך מיט א צווייטן אידן, שרייט זי "לוקוס לוקוס" פארוואס העלפסטו ניט קיין אידן.

Miriam rechazó su fe, se casó con el enemigo, y participó de la invasión del Templo... No obstante, a ella lo que le molestaba era por qué el altar no estaba protegiendo a los judíos.

Aquí podemos apreciar la verdadera esencia de una hija judía. Miriam contrajo matrimonio con un oficial que le hizo la guerra al pueblo judío, conquistó Jerusalén, invadió el Templo y profanó su altar. Ella lo siguió, y se vinculó con la causa. Así y todo, cuando observó la desgracia que cayó sobre sus pares judíos, gritó: "¡Lobo! ¡Lobo! ¡¿Por qué no ayudas a los judíos?!

FIGURA 2.2

Ningún judío está perdido

Through these encounters we hope to strengthen Yiddishkeit bring back our ~~lost~~ youth and prevent further drifting of our young.

Doesn't your community have a need for a Speakers' Bureau? How about starting one?

Una vez en un anuncio sobre la oficina de oratoria, aparecía lo siguiente: "...para fortalecer al Idishkait (judaísmo), recuperar a nuestra juventud perdida, y prevenir que otros se alejen..." El Rebe tachó la palabra "perdida" y al lado escribió "confundida?" como posible reemplazo.

Conversos (marranos) modernos

Texto 11

El Rebe, *Igrot Kodesh* 10:100

איני יודע אם הבא לקמן היה גם כוונת כבודו כשנתן לי תשורתו הקובץ ברכות ותפלות "מאה ברכות", אבל בטח יש גם בזה השגחה פרטית, כי זהו מעין סידור הנדפס בשביל האנוסים, או אפשר גם על ידם, לאחר שבאו למקום מנוחה בו יכלו להתנהג כפי רצונם האמיתי בחיים היום-יומיים ובגלוי . . . ומזמן לזמן כשהנני מסתכל בקובץ זה . . . הנה בדרך ממילא עולה בכל פעם הרעיון אשר באמת הרי כל אחד ואחד במדה ידועה, ואולי גם במדה חשובה, אנוס הוא, ועושה כמה ענינים מפני כפית הסביבה אם במישרין או בעקיפין, או על כל פנים כלשון המורה הגדול (רמב"ם הל' גירושין ספ"ב) "אנוס מיצרו הרע ובאמת הוא רוצה להיות מישראל ורוצה לעשות כל המצוות ולהתרחק מהעבירות".

Igrot Kodesh

Selección de cartas escritas, en hebreo y en idish, por el Rebe. Se han publicado en 30 volúmenes desde el año 2014. Las cartas están publicadas en orden cronológico, comenzando en el año 1925 y finalizando en el 1975. Sólo fueron publicadas aquellas cartas relevantes al público, y toda la información personal fue eliminada. Las cartas cubren una gran variedad de temas: activismo comunitario, filosofía de Jabad, Talmud, ley judía, kabalá, consejos prácticos, y mucho más.

Cuando me regalaste el libro de bendiciones y plegarias titulado *Mea berajot (Cien bendiciones)*, no sé si lo que te contaré a continuación fue tu intención. Sea como sea, ciertamente fue un acto de providencia divina. Este es un libro de rezos que fue impreso para los judíos conversos, o quizás por ellos mismos, quienes emigraron hacia distintos países en los que pudieron encontrar un respiro, y se les permitía comportarse abiertamente y vivir sus vidas cotidianas según sus verdaderos deseos…

De vez en cuando, cuando veo este libro…no puedo evitar pensar que, sinceramente, somos todos en algún punto conversos, quizás incluso en muchos aspectos, en la medida en que actuemos según las presiones directas o indirectas de la sociedad. Y somos [por lo menos, somos conversos debido a la coerción interna], como escribió el gran maestro Maimónides: "El instinto del mal nos lleva [a actuar de forma inconsistente con nuestra verdadera voluntad]. La verdad es que lo que queremos es ser parte del pueblo judío, cumplir todos los mandamientos de Dios, y alejarnos de las fechorías." (*Mishné Torá,* Leyes del Divorcio 2:20).

Texto 12

El Rebe, *Torat Menajem* (5723), 36:224–225

לאמיתתו של דבר, שם זה (לשוב אל המקורות) אינו מתאים, כי, כאשר אומרים "מקור" סתם, אזי מדמיינים שזהו ענין שנמצא באיזה מקום רחוק, וצריך לילך מהלך רב וגדול עד שמגיעים אליו. ואילו אליבא דאמת, כיון ש"לכל ישראל אחד צדיק ואחד רשע . . נפש . . (ש)היא חלק אלקה ממעל ממש (כמ"ש בהתחלת ספר התניא), הרי אינו צריך לילך מרחק רב עד שיגיע למקור; זהו ענין שנמצא במוחו ולבו, וצריך רק להסיר את המכסה, ההעלם וההסתר שהוטל על זה.

En verdad, la expresión "volver a las fuentes" [utilizada para describir a aquellos que abrazan el sendero de la Torá] es inapropiada. La palabra 'fuente' implica una entidad lejana, que para alcanzarla hay que viajar enormes distancias. Sin embargo, la realidad es que visto y considerando que como todos tenemos un alma divina (como lo aclara el *Tania*), no tenemos que atravesar grandes distancias para llegar a la fuente. Ya está allí, en nuestros corazones y en nuestras mentes; nada más tenemos que remover la cubierta que la oculta.

Torat Menajem

Una traducción al hebreo de la transcripción de los discursos del Rebe. Esta obra también es exhaustivamente complementada con referencias cruzadas y notas al pie. Más de 90 volúmenes han aparecido en esta serie desde el año 2014, abarcando los períodos 1950–1968 y 1982–1992. El Rebe no editó ni revisó la precisión de estas publicaciones.

Texto 13

El Rebe, Cartas en inglés

Cartas en ingles.

La correspondencia del Rebe incluye muchas miles de cartas escritas en inglés. El Dr. Nissan Mindel, miembro del secretariado del Rebe, era el responsable de dichas cartas. El Rebe solía dictar las respuestas al Dr. Mindel, quien luego redactaba cartas para que el Rebe posteriormente pudiera revisarlas y editarlas. No siempre queda claro si las cartas que poseemos son los borradores iniciales de Mindel, o si son la versión final que el Rebe autorizó para ser enviada.

La naturaleza del judío es desear actuar de acuerdo con la Torá y las *mitzvot*. Sin embargo, a veces hay circunstancias que eclipsan este deseo, o lo inmovilizan... Una vez que las restricciones externas se quitan, la verdadera voluntad (innata) es libre de reafirmarse y actuar de acuerdo a su naturaleza.

En vistas de lo mencionado a priori, debería ser evidente de que no puede existir la hipocresía respecto a cuando un judío estudia Torá y lleva su vida según la Torá y las *mitzvot*, incluso si algunos de sus actos, o pensamientos, no siempre se encuentren en perfecta armonía con su estudio de Torá y cumplimiento; porque la incongruencia no yace en actuar de acuerdo con la Torá y las *mitzvot*, sino en actuar de forma *contraria* a la Torá y las *mitzvot*.

FIGURA 2.3

Las diez Campañas de Mitzvá

Campaña	Detalles
Tefilin	Los hombres judíos (desde los 13 años de edad en adelante) deben ponerse *tefilin* todos los días, excepto en Shabat y en las festividades. (1967)
Estudio de Torá	Todo judío debe estudiar Torá diariamente. (1974)
Mezuzá	Un hogar judío debe tener colocadas *mezuzot ksherot* en las jambas de las puertas. (1974)
Tzedaká	Todos deben dar caridad diariamente. (1974)
Un hogar lleno de libros sagrados	Todos los hogares judíos deben tener libros sagrados judíos. (1974)
Velas de Shabat y de las festividades	Las mujeres y niñas judías deben encender las velas antes de la puesta del sol todos los viernes a la tarde y antes de las festividades. (1974)
Kasher	Los judíos deben comer comida kasher. (1975)
Pureza familiar	Las parejas judías casadas deben cumplir las leyes conyugales de la Torá (1975)
Educación judía	Los niños judíos deben aprender acerca de su legado y recibir una educación judía de calidad. (1976)
Ama a tu compañero	Los judíos deben ayudarse los unos a los otros, con amor, preocupación, y un sentimiento de unidad. (1976)

Cuando lo imposible es imposible

Texto 14

Midrash, *Tana Devei Eliahu Raba* 25

Tana Devei Eliahu
(Seder Eliahu)

Es una obra del Midrash; un género particular dentro de la literatura rabínica. El término 'Midrash' se deriva de la raíz *d-r-sh*, que quiere decir 'buscar', 'examinar', e 'investigar'. Este Midrash en particular ahonda en los preceptos divinos y sus razones, y la importancia de la Torá, la plegaria y el arrepentimiento. Esta obra está dividida en dos secciones: *Seder Eliahu* y *Raba Seder Eliahu Zuta*.

שכל אחד ואחד מישראל חייב לומר: מתי יגיעו מעשי למעשה אבותי אברהם יצחק ויעקב.

Todo judío debe preguntarse: "¿Cuándo estarán mis acciones a la par de las de Abraham, Itzjak y Iaakov?

Texto 15

Talmud, Meguilá 6b

אם יאמר לך אדם:

"יגעתי ולא מצאתי", אל תאמין.

"לא יגעתי ומצאתי" אל תאמין.

"יגעתי ומצאתי" תאמין.

Si alguien te dice:

"Me esforcé, pero no lo logré" – no lo creas

"No me esforcé, sin embargo lo logré" – no lo creas

"Me esforcé, y lo logré" – créelo.

Texto 16

El Rebe, *Igrot Kodesh* 29:203

טרם יקראו ואני אענה – מכבר עשיתי כעצתו ונשלח לשם הר"ר משה יצחק שי' העכט – וכנראה **ממכתבו זה ומהקודמו** עדיין אינו מכירו ואת הכוחות שניתנו להנ"ל ועל כל פנים ישתדל להכירו **עתה**, **ותיכף ומיד** ישתנה הכל: המצב רוח, הבטחון בהשם, השמחה היום יומית וכו' וכו'.

Me anticipo y le respondo antes de que lo solicite. Ya hice precisamente lo que usted aconsejó. Rabí Moshé Itzjak Hecht fue enviado a su ciudad. Por lo visto en su carta (y también en la carta previa), usted no conoce al Rabí Hecht ni tampoco su capacidad ni el poder que le fue dado. En cualquier caso, procure conocerlo ahora, e inmediatamente todo cambiará – su disposición, su confianza en Dios, su alegría cotidiana, etc.

PREGUNTA PARA DEBATIR

De la respuesta del Rebe, ¿puede deducirse la pregunta a la que estaba respondiendo? ¿Cómo la formularías?

FIGURA 2.4

Después de todo, no tan pequeño.

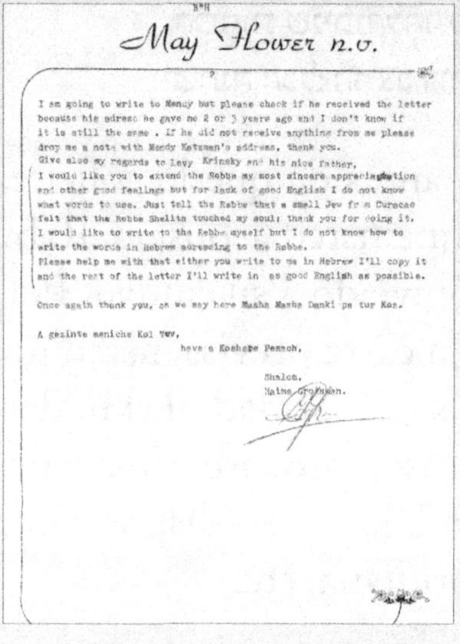

B"H

May Flower n.v.

I am going to write to Mendy but please check if he received the letter because his adress he gave me 2 or 3 years ago and I don't know if it is still the same. If he did not receive anything from me please drop me a note with Mendy Katsman's address, thank you.
Give also my regards to Levy Krinsky and his nice father,
I would like you to extend the Rebbe my most sincere appreciation and other good feelings but for lack of good English I do not know what words to use. Just tell the Rebbe that a small Jew from Curacao felt that the Rebbe Shelita touched my soul; thank you for doing it.
I would like to write to the Rebbe myself but I do not know how to write the words in Hebrew adressing to the Rebbe.
Please help me with that either you write to me in Hebrew I'll copy it and the rest of the letter I'll write in as good English as possible.

Once again thank you, as we say here Masha Masha Danki pa tur Kos.

A gezinte meniche Kol Tuv,
have a Koshere Pesach,

Shalom.
Haime Groisman.

Voy a escribirle a Mendy, pero por favor chequeen si recibió la carta, porque me dio su dirección hace 2 o 3 años, y no sé si todavía se mantiene igual. Si no recibe nada de mi parte, les agradecería si pudieran mandarme una nota con la dirección de Mendy Katsman.

Manden mis saludos a Levy Krinsky y su agradable padre.

Me gustaría expresar mi más sincera apreciación y otros buenos sentimientos hacia el Rebe, pero debido a mi inglés precario, no sé qué palabras utilizar. Solamente díganle al Rebe que un pequeño judío de Curazao siente que el Rebe Shlita tocó mi alma; muchas gracias por hacerlo. Me gustaría escribirle yo mismo, pero no sé cómo dirigirme hacia él en hebreo.

Por favor ayúdenme escribiéndome en hebreo, yo copiaré la primer parte y el resto de la carta la escribiré, de la mejor forma posible, en inglés.

Les agradezco nuevamente, y como decimos aquí, Masha Masha Danki pa tur Kos.

A gezinte meniche Kol Tuv,

Les deseo un Pesaj Kasher,

Haime Groisman escribió esta carta para el Rabí Moshe Kotlarsky. Hacia el fin, él escribe: "Solamente díganle al Rebe que un pequeño judío de Curazao siente que..."

El Rebe le respondió, en la carta que figura a continuación.

Para el trasfondo relacionado con esta correspondencia en particular, ver más en chabad.org/133497

Shalom ubrajá:

Estoy complacido de haber recibido sus saludos por medio de nuestros estimados amigos en común.

Sin embargo, debo remitirme a su referencia de que es "un pequeño judío de Curazao." Seguramente no sea necesario enfatizar que cada judío, ya sea hombre o mujer, tiene un Nefesh Elokit, que es una "parte de D-s en lo alto", como lo explica el Tania en el comienzo del segundo capítulo. Por lo tanto, no existe un concepto tal como el de "un pequeño judío", y un judío no debe nunca subestimar su tremendo potencial.

Aprovecho que se acerca el Iom Tov Pesaj para desearle mis deseos de que en esta Fiesta de nuestra Libertad, usted y los suyos puedan alcanzar la libertad verdadera, una libertad de las ansiedades materiales y espirituales, de todo aquello que pudiere distraerlo de servir a D-s de todo corazón y alegremente; y que pueda mantener esta libertad y alegría durante todo el año.

Deseándole a usted y a los suyos un Pesaj Kasher Vesameaj,

RABBI MENACHEM M. SCHNEERSON
Lubavitch
770 Eastern Parkway
Brooklyn, N. Y. 11213
Hyacinth 3-9250

מנחם מענדל שניאורסאהן
ליובאוויטש
770 איסטערן פארקוויי
ברוקלין, נ. י.

By the Grace of G-d
3rd of Nissan, 5744
Brooklyn, N. Y.

Mr. Chaim Yosef Groisman
P. O. B 2073
Breederstraat 74 (o)
Curacao, N. A.

Greeting and Blessing:

I was pleased to receive your regards through our esteemed mutual friends.

I must, however, take exception to your referring to yourself as "a small Jew from Curacao." There is surely no need to emphasize to you at length that every Jew, man or woman, has a Nefesh Elokis, which is a "part of G-dliness Above," as explained in the Tanya, beginning of chapter two. Thus, there is no such thing as "a small Jew," and a Jew must never underestimate his or her tremendous potential.

With the approach of the Yom Tov Pesach, I take this opportunity of extending to you my prayerful wishes that the Festival of Our Freedom bring you and yours true freedom, freedom from anxiety material and spiritual, from anything which might distract from serving G-d wholeheartedly and with joy, and to carry over this freedom and joy into the whole year.

Wishing you and yours a Kosher and happy Pesach.

With blessing, M. Schneerson

Puntos clave

1. Nuestro verdadero ser es un alma divina. Una experiencia espiritual es un momento de contacto ilimitado con nuestra esencia más profunda.

2. Nuestras vidas corpóreas y actividades físicas son, en sí mismas, vehículos para la expresión del alma.

3. Nuestro anhelo por las bendiciones materiales es una manifestación de nuestro profundo deseo de obtener los recursos que nos permitan implementar el plan divino cuyo objetivo es hacer de este mundo un hogar para Dios.

4. Al ser que la bondad no es algo secundario a nuestro núcleo, incluso un acto aparentemente negativo debe tener algún tipo de manifestación de bondad.

5. Nuestras fallas, fracasos, y malos hábitos no definen quiénes somos. Sólo cuando realmente lleguemos a ver nuestro valor inherente y perfección inmutable, es que podremos verdaderamente amar a otros y a nosotros mismos.

6. Nuestra esencia es una chispa divina indistinguible. No importa cómo nos comportemos, el ser judío no puede extinguirse jamás.

7. Nuestras almas desean todo lo que Dios desea. Por consiguiente, al despojarnos de todo lo superficial, el deseo más verdadero de cada judío es cumplir con todas las instrucciones de Dios (las *mitzvot*).

8. *Teshuvá* significa volver hacia nuestro verdadero ser, y estar en armonía con nuestra esencia más profunda, con nuestra consciencia divina.

9. No existe la cuestión de la hipocresía cuando elegimos hacer una mitzvá, incluso si en otros aspectos de nuestras vidas no estamos en armonía con el judaísmo. La incongruencia no yace en elegir hacer una mitzvá, sino en retrasar la decisión de vivir completa y orgullosamente según nuestra esencia.

10. Nuestras almas divinas son infinitas. Por lo tanto, tenemos la facultad de realizar mucho más de lo que percibimos.

CLASE 3

La eliminación de la brecha

El secreto de la supervivencia judía es la Torá, que ha sido estudiada y enseñada, siglo tras siglo, con compromiso y amor. Pero, ¿qué significa para nosotros la Torá? ¿Qué rol ocupa en nuestras vidas cotidianas? Valorar a la Torá por lo que es en verdad, puede realzar nuestras vidas dramáticamente, y permitirnos conciliar los conflictos existentes entre nuestras aspiraciones espirituales y nuestra búsqueda de la libertad.

Palabras inolvidables

Texto 1a

Flavio Josefo, *La guerra judía*, VII [Londres: Penguin, 2003], pp. 385–386

Josefo
ca. 37–100

Historiador judío. Su nombre era Iosef ben Matitiahu Hakohen, pero cuando se convirtió en ciudadano romano, lo cambió a Tito Flavio Josefo. Sus dos obras principales, *La guerra judía* y *Antigüedades de los judíos*, son consideradas fuentes primarias que documentan la historia judía durante la época del Segundo Templo. A pesar de haberse rendido ante los romanos durante la gran revuelta, y aceptar luego al patronazgo romano, Josefo se consideraba a sí mismo un judío fiel.

La mayor parte del botín que se llevaron fue amontonado indiscriminadamente. Aún más prominente que el resto fue aquello capturado en el Templo de Jerusalén – una mesa dorada que pesaba varias centenas, y un candelabro hecho de oro, pero construido de forma distinta a los que utilizamos normalmente. El eje central tenía una base fija, y de ella se extendían esbeltas ramas colocadas como los dientes de un tridente, y cada una de ellas tenía una lámpara en el extremo. Eran 7 ramas, para representar el honor que dan los judíos a dicho número. Luego cargaron la Ley de los Judíos, lo último que quedaba. A continuación pasó un gran grupo cargando imágenes de Victoria, hechas de marfil y oro. Y detrás de ellos, Vespucio y luego Tito… Todo el día la ciudad de Roma festejó el triunfo de la campaña en contra de sus enemigos, el fin de la lucha civil, y una nueva esperanza de un futuro alegre.

Texto 1b

Simon Schama, "El comienzo" *La historia de los judíos*, Parte I [Oxford Film and Television Production, 2013]

Visto y considerando los golpes de las legiones romanas, y dado que estos llegaron después de siglo tras siglo de golpes de los egipcios, sirios, y babilonios, había escasas razones para suponer que los judíos sobrevivirían como pueblo – y sin embargo, dos mil años después, los judíos siguen aquí. ¿Cómo es posible?

Una pista podría estar en el Arco de Tito – no es algo que está allí, sino algo que falta. Cuando Josefo describe la procesión del botín y de los prisioneros que desfilaban por las calles de Roma, dice: "Luego cargaron la Ley de los Judíos". Pero, ¿dónde están las leyes? ¿Dónde están los rollos de la Torá? Brillan por su ausencia.

Igualmente, ¿qué eran los rollos de la ley? Solo palabras en un pergamino, ni siquiera valen el tiempo de un escultor o el costo del mármol. Pero las palabras que son copiadas, memorizadas, internalizadas, inolvidables, siempre le ganarán a la espada. No se puede tomar prisioneras a las palabras.

El Imperio Romano prosperó y luego desapareció, pero ve a una sinagoga cualquier sábado y aún escucharás esas palabras. En septiembre del año 1913, el Dr. Sigmund Freud, el 'judío sin Dios', estuvo en Roma y le envió una postal del Arco de Tito a un amigo. Allí escribió '*Der Jude übersteht's*': el judío lo sobrevive.

Simon Michael Schama
1945–

Historiador británico. Schama nació en Londres, en el seno de una familia judía cuyas raíces provienen de Lituania, Rumania y Turquía. Es profesor de Historia y de Historia del Arte en la Universidad Columbia. Es principalmente conocido por escribir y conducir el documental (en una serie de 15 episodios) de la BBC, *La historia de Gran Bretaña*. Su libro, *Dos Rothschild y la tierra de Israel* estudia los objetivos sionistas de Edmundo Jaime de Rothschild y Jaime Armando de Rothschild.

EJERCICIO DE APRENDIZAJE 1

Es importante que estudie Torá porque...

1. ______________________________

____

2. ______________________________

____

3. ______________________________

____

La Torá y el mundo

Aforismos de los tiempos talmúdicos

Texto 2a

Talmud, Bava Kama 92a

מנא הא מילתא דאמרי אינשי "בתר עניא אזלא עניותא"?

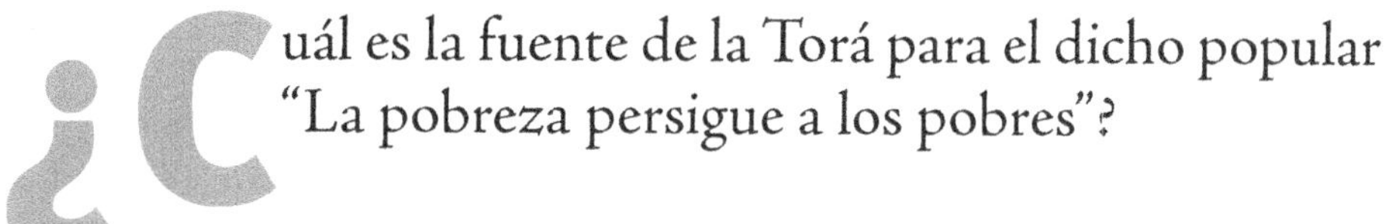

¿Cuál es la fuente de la Torá para el dicho popular "La pobreza persigue a los pobres"?

Talmud de Babilonia

Una obra literaria de proporciones monumentales que abarca las tradiciones legales, espirituales, intelectuales, éticas e históricas del judaísmo. Los 37 tratados del Talmud contienen las enseñanzas de los sabios judíos del período comprendido entre la destrucción del 2ndo Templo y el siglo V de nuestra era. Ha servido como el vehículo primario de trasmisión de la ley oral y la educación de los judíos a través de los siglos; es la puerta de entrada para todo el pensamiento judío legal, ético, y teológico.

Texto 2b

Ibid., 93a

מנא הא מילתא דאמרי אינשי "בתר מרי ניכסי ציבי משך"?

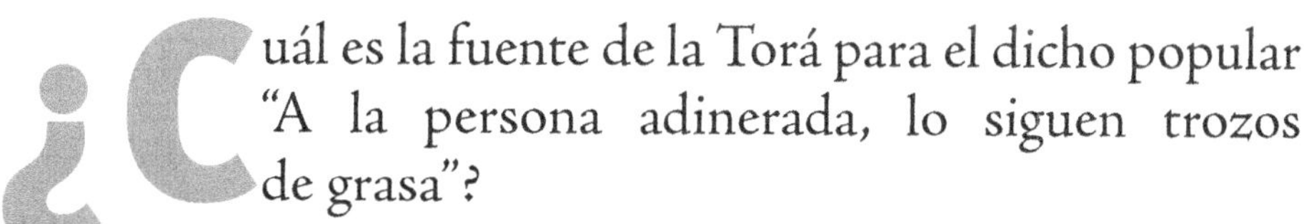

¿Cuál es la fuente de la Torá para el dicho popular "A la persona adinerada, lo siguen trozos de grasa"?

PREGUNTAS PARA DEBATIR

1. **¿Las preguntas que hace el Talmud son realizadas sobre la base de qué suposición subyacente? ¿En qué se basa esta suposición?**
2. **¿Por qué se involucra el Talmud en este ejercicio aparentemente inútil? ¿Cuál es el motivo para buscar fuentes de la Torá que apoyen los adagios populares?**

El modelo dual vs. el modelo del plano

Texto 3

Zohar 2:161a

וכד בעא קודשא בריך הוא למברי עלמא, הוה מסתכל בה באורייתא, בכל מלה ומלה, ועבד לקבלה אומנותא דעלמא. בגין דכל מלין ועובדין דכל עלמין באורייתא אינון. ועל דא קודשא בריך הוא הוה מסתכל בה וברא עלמא.

Zohar

Es la obra más influyente de la Kabalá, el misticismo judío. El Zohar es un comentario místico sobre la Torá, escrito en arameo y en hebreo. Según el Arizal, el Zohar contiene las enseñanzas de Rabí Shimon Bar Iojai, quien vivió en la Tierra de Israel durante el s.II. Se ha transformado en un texto indispensable del judaísmo tradicional, y está casi a la par de la Mishná y el Talmud.

Cuando Dios decidió crear el mundo, miró dentro de la Torá, dentro de cada palabra, y diseñó el mundo de acuerdo con ella. La Torá contiene todos los fenómenos y entidades que existen en cada mundo. Por lo tanto, Dios consultó la Torá y creó el mundo.

Sección opcional

Texto 4a

Rabí Shneur Zalman de Liadí, *Tania*, ch. 4

שכתוב בזהר דאורייתא וקודשא בריך הוא כולא חד. פירוש:
דאורייתא היא חכמתו ורצונו של הקדוש ברוך הוא.

El Zohar dice que la Torá es una con Dios. Esto quiere decir que la Torá es la sabiduría y voluntad de Dios.

Rabí Shneur Zalman de Liadí
(Alter Rebe)
1745-1812

Rebe jasídico, autoridad halájica, fundador del movimiento Jabad. El Alter Rebe nació en Liozna, Bielorusia, y fue uno de los alumnos principales del Maguid de Mezeritch. Sus numerosas obras incluyen el *Tania*, un clásico de los fundamentos del jasidismo de Jabad, y el *Shuljan Aruj Harav*, un código de ley judía.

Texto 4b

Rabí Shneur Zalman de Liadí, ibid.

נמשלה התורה למים: מה מים יורדים ממקום גבוה למקום נמוך, כך
התורה ירדה ממקום כבודה, שהיא רצונו וחכמתו יתברך, ואורייתא
וקודשא בריך הוא כולא חד, ולית מחשבה תפיסא ביה כלל, ומשם
נסעה וירדה בסתר המדרגות ממדרגה למדרגה בהשתלשלות
העולמות, עד שנתלבשה בדברים גשמיים ועניני עולם הזה.

La Torá es alegóricamente comparada con el agua debido a que la naturaleza del agua es descender de un lugar elevado a uno más bajo. De manera similar, la Torá es la voluntad y la sabiduría de Dios, y es absolutamente una con Dios, a quien ninguna mente puede comprender. Sin embargo, la Torá descendió de su posición y su Gloria, a través de varios niveles espirituales, nivel tras nivel, hasta llegar a vestirse con sustancias corpóreas y conceptos mundanos.

Fin de la sección opcional

Una no-relación

PREGUNTA PARA DEBATIR

¿Existe una diferencia práctica en cuanto a si vemos a la Torá como el plano de la Creación, o no?

FIGURA 3.1

El modelo dual

1. La Torá y la naturaleza, incluyendo a la naturaleza humana, tiran para lados opuestos.
2. En algunos momentos, puede que la Torá no sea práctica.
3. Es necesario realizar sacrificios dolorosos y renunciar a una vida normal y saludable, en aras de gozar de una vida espiritual próspera.
4. Si no tenemos en cuenta las instrucciones de la Torá, lo único que logramos es socavar nuestras aspiraciones espirituales.

No hay contradicción alguna

Texto 5

El Rebe, *Igrot Kodesh* 15:314

יהי רצון שהתחלת הדיון על דבר בעית האניות תביא הזזה
ממשית לפתרון הענין מתאים להוראות תורתנו . . .

וכיון שאמרו חז"ל אסתכל באורייתא וברא עלמא, הרי אי אפשר ונגד השכל
הוא אשר ענינים שבעולם יפריעו וימנעו קיום האמור בתורה, שהרי אי
אפשר, שמובן גם על פי שכל הפשוט, שהמסובב יהיה חזק יותר מהסבה.

Pueda Dios ayudar a que el comienzo de las deliberaciones con respecto al problema de los barcos [en cuanto a la profanación del Shabat] sea un avance y luego lleve a una solución que sea consistente con las enseñanzas de nuestra Torá…

Nuestros sabios dicen que "Dios miró dentro de la Torá y creó el mundo." Por lo tanto, es lógicamente imposible que en el mundo exista algo que pueda impedir el cumplimiento de las instrucciones de la Torá. Es evidente que el efecto no puede preceder a la causa.

Igrot Kodesh

Selección de cartas escritas, en hebreo y en idish, por el Rebe. Se han publicado en 30 volúmenes desde el año 2014. Las cartas están publicadas en orden cronológico, comenzando en el año 1925 y finalizando en el 1975. Sólo fueron publicadas aquellas cartas relevantes al público, y toda la información personal fue eliminada. Las cartas cubren una gran variedad de temas: activismo comunitario, filosofía de Jabad, Talmud, ley judía, Kabalá, consejos prácticos, y mucho más.

Texto 6

El Rebe, *Likutei Sijot* 1:1–2

בעת עס . . . דוכט זיך אז צוליב דער וועלטלעכער נאטירלעכער ארדענונג איז דאס אים שווער, אדער גאר אוממעגלעך - איז בשעת ער דערמאנט זיך אז "קודשא בריך הוא אסתכל באורייתא וברא עלמא" . . . - דער אויבערשטער האט אריינגעקוקט אין תורה (אין די עשרה מאמרות) און דערמיט באשאפן די וועלט, איז מצד דעם אפלייג אז די גאנצע עקזיסטענץ און "פאראן" פון וועלט איז נאר פון די עשרה מאמרות **שבתורה**, ווייסט ער במילא, אז די מציאות פון וועלט קען ניט זיין קיין שטער צו מצוות, ווארום אין **דער זעלבער תורה** שטייט דאך "אנכי ה' אלקיך" מיט אלע תרי"ג מצוות.

Likutei Sijot

Considerado el magnum opus del Rebe, los 39 volúmenes de *Likutei Sijot* destacan ensayos académicos relacionados con los temas de la porción semanal de la Torá y las festividades judías. El Rebe inicialmente transmitía estos temas en sus discursos públicos, y luego los reescribía para publicarlos. En algunos volúmenes estos ensayos aparecen en idish, mientras que otros están en hebreo. La mayoría de los volúmenes también contienen una colección de cartas del Rebe.

Cuando… parece que las circunstancias complican, o incluso imposibilitan, el seguimiento de las enseñanzas de la Torá, uno debería recordar que.. "Dios miró dentro de la Torá y creó el mundo." Esta premisa, de que todo lo que existe viene de la Torá, nos lleva a la conclusión de que nada de lo que existe puede obstaculizar el cumplimiento de ninguna de las 613 *mitzvot* que están allí incluídas en la Torá misma.

Texto 7

Midrash, *Bamidbar Rabá* 12:3

אמר לו הקדוש ברוך הוא: איני מבקש לפי כחי אלא לפי כחן.

Bamidbar Rabá

Es una obra del Midrash; un género particular dentro de la literatura rabínica. El término 'Midrash' se deriva de la raíz *d-r-sh*, que quiere decir 'buscar', 'examinar', e 'investigar'. La primera parte de *Bamidbar Raba* se destaca por incluir material esotérico, mientras que la segunda mitad es esencialmente idéntica al *Midrash Tanjuma*, acerca del libro de Números. Fue publicado por primera vez en Constantinopla en el año 1512, junto con otras cuatro obras del Midrash que se basan en los otros cuatro libros del Pentateuco.

Dios le dijo a Moshé: "No emito preceptos consecuentes con Mi capacidad, sino consecuentes con la capacidad de los judíos."

La guía definitiva para la vida

Texto 8

El Rebe, *Sefer Hasijot* 5748, 2:590 fn. 10

התורה מגלה אמיתית המציאות ותכלית של כל דבר . . .

היינו שהשימוש בהדבר צריך להיות מתאים **לאמיתת** מציאותו וטבעו של הדבר שבעולם, כשמשתמשים בו על פי הוראת התורה, ובאם לא כן חס ושלום הרי זה לא רק היפך התורה והיפך רצון ה', אלא גם היפך **המציאות והטבע** של הדבר ההוא.

La Torá revela la verdadera naturaleza y función de todas las cosas...

En términos prácticos, esto quiere decir que cuando utilizamos un objeto para cumplir con las instrucciones de la Torá, nuestro uso es congruente con la verdadera naturaleza de dicho objeto. Si, Dios no lo quiera, hacemos lo contrario, no sólo estamos yendo en contra de las instrucciones de la Torá y la voluntad de Dios, sino que también creamos un conflicto con el objeto en sí mismo, al usarlo de forma contraria a su naturaleza y existencia inherentes.

Sefer Hasijot

Es una serie de 12 volúmenes de discursos del Rebe, que se desarrollaron entre los años 1986 y 1992. Durante este tiempo, el Rebe regularmente revisaba y editaba (partes de) sus discursos transcriptos, para luego poder publicarlos. El idioma varía entre el hebreo y el idish. Estos discursos eran publicados en dos periódicos semanales: el *Algemeiner Journal* (idish) y el *Kfar Jabad* (hebreo).

Reencuadrando a la recompensa

Texto 9

El Rebe, *Igrot Kodesh* 3:376

התורה היא המקור והצינור לכל הבריאה וההשפעות שבעולם, וכמאמר, "אסתכל באורייתא וברא עלמא", וכך הוא בכל יום וכמו שכתוב, "המחדש בטובו בכל יום תמיד מעשה בראשית", ולכן אם כל עניני התורה ומצוות הם כדבעי אז גם כל הענינים הגשמיים בבריאה כדבעי.

ויעויין הקדמת השל"ה בית אחרון דמסיק דשכר המצוות הוא טבעי.

La Torá es la fuente de toda la Creación, y el conducto por el cual las emanaciones divinas fluyen hacia el mundo. Como está dicho: ""Dios miró dentro de la Torá y creó el mundo"; esto vuelve a ocurrir todos los días, como está dicho: "Con Su bondad, Dios renueva cada día, continuamente, la obra de la Creación." Por lo tanto, cuando las cuestiones de Torá y *mitzvot* están como corresponde, las cuestiones de este mundo físico también lo están.

Efectivamente, en la introducción a *Shnei Lujot Habrit*, Rabí Ieshaiahu Horowitz llega a la conclusión de que la recompensa que recibimos por cumplir las mitzvot es una consecuencia natural de nuestras acciones.

FIGURA 3.2

A Comparando los dos paradigmas

Modelo dual	Modelo del plano
La Torá y la naturaleza, incluyendo a la naturaleza humana, tiran para lados opuestos.	La Torá y la naturaleza, incluyendo a la naturaleza humana, tiran para el mismo lado.
En algunos momentos, puede que la Torá no sea práctica.	La Torá siempre es práctica.
Es necesario realizar sacrificios dolorosos y renunciar a una vida normal y saludable, en aras de gozar de una vida espiritual próspera.	No es necesario realizar sacrificios dolorosos y renunciar a una vida normal y saludable, en aras de gozar de una vida espiritual próspera.
Si no tenemos en cuenta las instrucciones de la Torá, lo único que logramos es socavar nuestras aspiraciones espirituales.	Si no tenemos en cuenta las instrucciones de la Torá, logramos no sólo socavar nuestras aspiraciones espirituales, sino también nuestro bienestar general.

Texto 10

Rab Yoel Kahan
1930-

Es experto y líder en la filosofía de Jabad. Rab Kahan se desempeñó como miembro senior y líder del equipo que memorizaba y transcribía los discursos y charlas del Rebe que ocurrían durante Shabat y las festividades, momentos en los cuales está prohibido tomar notas o grabar. Es la autoridad líder en la filosofía de Jabad y la mayoría de las enseñanzas del Rebe, y está en medio de la publicación de una enciclopedia detallada sobre jasidismo de Jabad, de la cual ya se han publicado 10 volúmenes. También es educador senior de enseñanzas jasídicas en la yeshiva central de Lubavitch.

Rab Yoel Kahn, *Kfar Jabad* [Kislev 5752], 500:7–8

אחד הדברים שהחדיר כ"ק אדמו"ר לרבבות יהודים, זו הגישה הזאת. לא רק שהתורה היא אמת מוחלטת בלי שום ערעור, אלא שהתורה היא אמיתת מציאותו של העולם. כשרוצים לברר את "פשיטות" המציאות של דבר כלשהו בעולם, מביטים בתורה, כי לא ייתכן אחרת, שהרי העולם נברא על פי התורה . . .

כ"ק אדמו"ר החדיר שבראש ובראשונה צריך לבדוק התפילין, המזוזות, כשרות המאכלים, ההקפדה על לימוד התורה וכו'. בראש ובראשונה צריך יהודי לפשפש במעשיו ולנסות למצוא מהו הפגם הרוחני שהיה יכול להביא את התופעות הבלתי רצוית. גישה זו נובעת מכך, שאצל כ"ק אדמו"ר נתפס ב"פשיטות", שהתורה והמצוות הן המקור של כל עניין בעולם.

Entre otras cosas, el Rebe invistió en decenas de miles de judíos un enfoque particular hacia la Torá. En esta visión, no sólo que la Torá es verdadera, sino que es la verdad del mundo. Por lo tanto, cuando queramos determinar la naturaleza de cualquier entidad creada, debemos buscar dentro de la Torá. Debido a que el mundo fue creado a través de la Torá, no existe ninguna otra opción…

El Rebe nos impregnó con el instinto de [reaccionar ante cualquier tipo de situación negativa con] llevar a revisar nuestros *tefilin* y *mezuzot*, comprometernos ser cuidadosos con la comida kasher, ser meticulosos para estudiar Torá regularmente, etc. En tales situaciones, debemos examinar nuestro comportamiento y luchar para identificar la falla espiritual que pueda ser la raíz de tal experiencia indeseada. Este enfoque está basado en la premisa de que la Torá y las *mitzvot* son la fuente de todo lo que existe en este mundo.

No somos forasteros

EJERCICIO DE APRENDIZAJE 2A

¿En qué parte del espectro ubicarías a la tecnología moderna?

EJERCICIO DE APRENDIZAJE 2B

¿En qué parte del espectro ubicarías a tus talento personal?

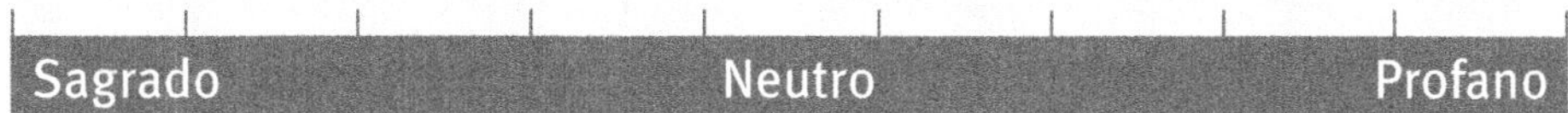

Texto 11

El Rebe, *Sefer Hasijot* 5748, 2:593

No debemos desalentarnos cuando nos cruzamos con una entidad que es usada popularmente para fines profanos. No debe impedirnos de utilizarla de forma apropiada, en concordancia con su verdadero objetivo, que es incrementar la gloria de Dios. Este enfoque obviamente puede ser aplicado a los inventos modernos y desarrollos tecnológicos.... A pesar de que sea posible explotar estas tecnologías en formas contrarias a los valores de la Torá – y, desafortunadamente, mucha gente efectivamente lo hace – debemos usarlos con fines sagrados, como por ejemplo para difundir la Torá y el judaísmo. (Esto es especialmente pertinente para aquellos que ya utilizan estas tecnologías para cuestiones comerciales). De hecho, Dios nos dio la capacidad de inventar tales tecnologías y orquestó su descubrimiento específicamente para que puedan ser utilizados con un propósito santo, como hemos hablado a menudo.

Texto 12 (Opcional)

Michel Schwartz, "El Rebe y el artista," www.chabad.org

El Rebe quería introducir un nuevo artículo en la sección de *Charlas y cuentos*, una página ilustrada compuesta por cinco o seis ítems. El Rebe quería que los niños esperaran este suplemento con ansias, en él figurarían datos pocos conocidos sobre costumbres judías, cuentos y leyendas, y su título sería "El rincón de la curiosidad"...

Cuando el Rebe estaba describiendo cómo sería, dijo algo que me sorprendió mucho: "Debería parecerse a Ripley" (*Es zol oyszehn vee Ripley*).

Durante muchos años se publicaba en distintos periódicos del país, un cuadrado de aproximadamente 5" × 5", con las obras de Robert Ripley, tituladas: "¡Aunque usted no lo crea!". Este venerado Rabino estaba al tanto de una columna que aparecía diariamente en el periódico *New York Mirror*, (que no está más en circulación), y me pedía que hagamos nuestra nueva sección al estilo Ripley.

En otra ocasión, el Rebe me pidió crear un personaje sobre el cual escribir cuentos de aventuras, que parezca real. Esta vez sugirió que se pareciera a "Dick Tracy".

Michel Schwartz
1926-2011

Artista y calígrafo. A los 13 años se anotó en la Escuela de Arte y Diseño de Nueva York, y al mismo tiempo estudiaba en la escuela Lubavitch en Brooklyn. Luego de su graduación se convirtió en un diseñador gráfico muy conocido. Sus obras de arte adornaron los muros y mesas de los presidentes y primeros ministros israelíes. En el año 1970, un artículo de la revista *Fortune* lo nombró "un visionario poseedor de una previsión libre y sin precedentes."

Texto 13

El Rebe, *Likutei Sijot* 16:456

בשעת דער אויבערשטער האט געגעבן א אידן א חוש וכשרון מיוחד, דארף ער וויסן אז דאס איז ניט צוליב אים אליין, נאר ער דארף עס אויסנוצן אין זיין עבודה צו מאכן פון וועלט א משכן, א דירה לו יתברך –

פונקט ווי עס איז געווען ביי די נשים אין זמן פון בנין המשכן, אז האבנדיק א כשרון מיוחד, וואס אנדערע האבן עס ניט געהאט, האבן זיי פארשטאנען, אז אט דער כשרון וואס דער אויבערשטער האט זיי געגעבן דארף פון זיי אויסגענוצט ווערן אויף בויען א משכן וואס דארט וועט זיין השראת השכינה . . .

על דרך זה איז עס אין אנדערע ענינים וואס דער אויבערשטער גיט א אידן – ווי לדוגמא, בשעת דער אויבערשטער גיט אים א פארדינסט וואס איז מער ווי געוועגלעך, זאל ער וויסן, אז ער דארף מוסיף זיין אין נתינת הצדקה.

Cuando Dios nos regala algún talento especial, es necesario que entendamos que no es para nuestro beneficio propio, sino que debemos utilizarlo como parte de nuestro servicio, de convertir a este mundo en un hogar para Dios.

La Torá nos dice que cuando nuestros antepasados construyeron el Tabernáculo, un grupo de mujeres talentosas tejieron para ello varios materiales. Como estaban bendecidas por un talento específico y poco frecuente, entendieron que este regalo divino debería dedicarse a la construcción de un Tabernáculo que sería honrado por la presencia Divina…

El mismo concepto aplica para todo lo que Dios nos da. Por ejemplo, cuando Dios nos da ganancias que superan la norma, debemos comprender que es para que podamos incrementar nuestra cantidad de donaciones (tzedaká).

Texto 14

El Rebe, *Igrot Kodesh* 4:223

די הויפט קונסט פון א מאלער אין חכמת הציור איז, אז ער זאל זיך קאנען אפטראגן פון דער חיצוניותדיקייט פון דער זאך, און ניט קוקנדיק אויף דער אויסערליכער פארם, זאל ער קאנען ארייבליקן אין דער זאך "אינעווייניק" און דערזען דארט די פנימיות ועצמות הדבר, און קענען דאס דערנאך איבערגעבן בציור, אזוי אז דער וואס זעט דעם ציור פון דעם מאלער זאל פאר עם אנטפלעקט ווערן אין דער זאך דאס וואס ער האט פריער ניט באמערקט, ווייל דער תוך איז געווען פארשטעלט פון ענינים טפלים. אזוי ארום אנטפלעקט דער מאלער דעם עצמות און מהות פון דער זאך וואס ער צייכנט, און דער וואס זעט עס, דערזעט עס אין אן אנדער אמת'ער ליכט און כאפט זיך, אז ער איז פריער געווען אין א טעות.

ככל הדברים האלה וככל החזיון הזה, איז איינער פון די עקרים בעבודת האדם לקונו. ווי מיר ווייסן פון דער תורה בכלל און פון חסידות בפרט, איז כל הבריאה כולה נעמט זיך פון דבר ה', און דער דבר ה' איז דאס מהווה ומקיים בכל עת ובכל רגע. נאר מצד דעם ג-טליכן כח הצמצום והגבורה, שטייט דער דבר ה' בהעלם והסתר און עס זעט זיך בלויז די חיצוניות.

איז דער ענין פון עבודה, וואס שטיצט זיך אויף דער אמונה פשוטה אז אין עוד מלבדו, אז מען זאל מיט דעם שטאנדפונקט צוגיין צו יעדן ענין אין לעבן, און מען זאל זען ארויסברייגנען כל אחד כפי יכולתו, וואס מער דעם אלקות שבכל דבר, און קלענער מאכן, אויף וויפל עס לאזט זיך, דעם העלם והסתר פון דער חצוניות אויף אלקות שבתוכו.

La destreza esencial del artista es la habilidad de poder mirar más allá de la superficie y llegar a la esencia del objeto que él/ella está tratando de transmitir de forma artística, y luego poder expresarlo y describirlo. La obra de arte resultante le revela a los observadores aquello que éstos no pueden reconocer solos al observar el objeto original: la esencia que estaba oculta bajo la superficie. El artista permite que los observadores vean las cosas desde una perspectiva diferente, y por ende puedan darse cuenta de las limitaciones de su consciencia previa. Este punto es precisamente análogo a una de las áreas clave de nuestro servicio divino. La Torá, y específicamente el misticismo judío, nos enseña que toda la Creación emana de la palabra de Dios, y dicha palabra es la que continuamente la sostiene, porque es lo que constituye la esencia de todo ser. No obstante, debido al proceso de ocultamiento divino, la palabra de Dios está escondida, y sólo la capa externa de la Creación es visible– la sustancia material.

Nuestra tarea es encarar todas las áreas de nuestras vidas fortalecidos por una creencia inamovible en la omnipresencia de Dios. Luego, usando nuestras habilidades únicas, debemos invocar la esencia divina que hay en todo y minimizar el ocultamiento que provoca lo físico.

Texto 15

Pirkei Avot 6:11

Todo lo que Dios creó en Su mundo, no lo creó sino para [el rol que juega en incrementar] Su gloria.

Pirkei Avot
(Tratado de los Padres)

Es una obra de ética judía, de 6 capítulos, muy estudiada en las comunidades judías, en especial durante el verano. Los primeros 5 capítulos son de la Mishná, Tratado de los Padres. Este tratado difiere del resto de la Mishná en el sentido de que no se enfoca en temas legales; es una colección de sabiduría relacionada al desarrollo del carácter, ética, vida saludable, piedad, y el estudio de la Torá.

EJERCICIO DE APRENDIZAJE 3

Un área de mi vida – por ejemplo, un talento o una oportunidad – que aún no utilicé en mi servicio divino:	
¿Cómo puedo aprovechar este talento u oportunidad para que se cumpla su verdadero propósito?	

Construyendo nuestro micro-universo

Texto 16

El Rebe, *Sijot Kodesh* 5733, 1:74

ערשט איז געווען דער "אסתכל באורייתא" און נאך דעם איז געווען דער "וברא עלמא". על דרך זה מאנט מען פון יעדער איד אז ערשט דארף זיין "מבית הכנסת לבית המדרש", "ומבית המדרש" ארויס "לדרך ארץ". דאס הייסט, אז איידער ער גייט ארויס אין וועלט דארף ערשט זיין א הכנה אין תורה, און פון תורה גייט ער ארויס אין וועלט.

Dios primeró miró dentro de la Torá, y luego creó el mundo. Lo mismo se espera de cada uno de nosotros. Todas las mañanas rezamos y luego estudiamos un poco de Torá, y recién en ese entonces comenzamos a trabajar. Necesitamos prepararnos con Torá antes de entrar al mundo terrenal.

Sijot Kodesh

Son transcripciones (su gran mayoría en idish) de los discursos públicos del Rebe (en los *farbrenguen*) entre los años 1950 y 1981, publicados en 50 volúmenes. Los discursos que el Rebe daba en Shabat y las fiestas, días en los que está prohibido tomar apuntes y grabar, eran memorizados por un equipo entrenado (llamados *jozrim)* que luego los reconstruía y transcribía de memoria. El Rebe no editó ni revisó estás transcripciones.

Texto 17

El Rebe, *Sijot Kodesh* 5733, 1:128

נוסף לזה וואס עס דארף זיין "אסתכל באורייתא" (בכללות) בנוגע לעניני העולם, אז בשעת מ'וויל ארוסקריגען דעם תוכן פנימי פון יעדער זאך אין וועלט – דארף מען קוקן אין תורה, הנה נוסף לזה דארף זיין א התבוננות מיוחדת בפרשת השבוע אויף ארויסנעמען הוראות בנוגע לעניני השבוע, וואס דאס איז דער "אסתכל באורייתא וברא עלמא" בשייכות צו די הנהגה פון א אידן אין דער וואך בפרט.

En general, es muy importante "mirar dentro de la Torá" en aras de saber cómo navegar por la vida y comprender el significado profundo de todo lo que hay en el mundo. Adicionalmente, cada semana tiene su propio "mirar dentro de la Torá" distintivo: debemos contemplar específicamente la porción semanal de la Torá para obtener mensajes únicos relevantes para cada semana en particular.

Puntos clave

1. La Torá es el plano de toda la Creación. Por lo tanto, la Torá y el mundo están inherentemente interrelacionados, y todas las entidades mundanas y fenómenos existentes reflejan realidades preexistentes de la Torá.

2. En ciertos momentos, parecería ser que las circunstancias complican el seguimiento de las instrucciones de la Torá. No obstante, el hecho de que "Dios miró dentro de la Torá y creo el mundo" nos lleva a la conclusión lógica de que nada puede estorbar nuestro cumplimiento de las mitzvot.

3. Cuando utilizamos un objeto tal como lo indica la Torá, nuestro uso es consistente con la verdadera naturaleza de dicho objeto. En cambio, si no lo hacemos, no sólo estamos yendo en contra de la voluntad de Dios, sino que también estamos dañando al objeto, usándolo de forma contraria a su propia naturaleza y al propósito de la Creación.

4. Así como la Torá es la fuente de toda la Creación, y el medio por el cual fluyen las emanaciones de Dios, cuando los asuntos relacionados a la Torá y la mitzvot son como tienen que ser, las cuestiones de este mundo físico también lo son.

5. Al ser de que la Torá es la fuente de toda la Creación, todo lo que existe tiene un propósito divino, una raison d'être (razón de ser). Esto incluye a la tecnología moderna y al talento personal.

6. Antes de "crear" nuestro mundo personal, deberíamos emular a Dios y "ver dentro de la Torá (el plano)". Por lo tanto, es importante dedicar un tiempo fijo para el estudio de la Torá todas las mañanas antes de ir a trabajar.

CLASE 4

En sincronía con lo divino

"El mundo se equivocó. Al pensar que lo más característico del Rebe era el hecho de que tenía miles de seguidores, pasaron por alto el dato verdaderamente importante: un buen líder crea seguidores, pero un gran líder crea líderes."

—Lord Rab. Jonathan Sacks

Misterio jasídico

La vida después de la vida

Texto 1

Michael A. Hiltzik y Mathis Chazanov, "La vida después del Rebe es una incógnita", *Los Angeles Times*, 14 de junio, 1994

"¿Puede Jabad sobrevivir sin el Rebe?". Así se titulaba la edición reciente de un importante periódico judío, que fue publicada mientras que el líder de 92 años de edad, de una de las sectas más agresivas y carismáticas del judaísmo, yacía en estado de coma en un hospital de Nueva York.

Luego del domingo, día en el que murió Menajem Mendel Schneerson, el séptimo líder – Rebe – del movimiento Jabad Lubavitch, la pregunta sigue a flor de piel. ¿Está en riesgo el futuro de la organización que Shneersohn personalmente transformó, durante sus 44 años de liderazgo, de una secta provincial a lo que Allen Nadler, experto en las actividades del grupo, describe como "el movimiento más famoso y poderoso dentro del judaísmo ortodoxo contemporáneo"...?

El lunes, durante una entrevista, [el director de actividades de Jabad de la Costa Oeste, Rab. Shlomo] Cunin mismo no dio ninguna señal de que su fe había sido desestabilizada por la muerte de Schneersohn...

Otros observadores dicen que incluso si sobrevive en algún otro formato, es inevitable que Jabad se vea profundamente afectado por la partida de su carismático líder.

PREGUNTA PARA DEBATIR

¿Sobre qué suposición está basada esta predicción?

Texto 2

Carolyn Drake, "Una fe crece en Brooklyn" *National Geographic*, febrero 2006

Cuando Schneersohn se convirtió en el Rebe en el año 1951, el grupo, cuya sede estaba en Crown Heights, Brooklyn, era relativamente pequeño y poco conocido. Durante los 43 años que estuvo a la cabeza, logró un sistema organizativo pionero de *shlujim*, o emisarios. Dichos emisarios tenían la misión de salir al mundo y abrir centros de Jabad, cuyo objetivo era difundir la Torá y el judaísmo. Algunos temían que el movimiento Jabad disminuyera luego de la muerte del Rebe en el año 1994. Sin embargo, hoy en día hay más de 3000 centros en 70 países – y casi la mitad de ellos fueron fundados luego de la muerte de Schneersohn.

Conferencia Internacional de *Shlujot* – 2012

PREGUNTA PARA DEBATIR

1. ¿Por qué resultó errónea la predicción sobre la supervivencia de Jabad?
2. A tu entender, ¿cuál es el secreto del éxito y durabilidad de Jabad?

Sede Mundial Lubavitch - 770

Acerca de líderes y de seguidores

Texto 3a

Rabino Herbert Weiner, Mística 9½ [Nueva York: Collier Books, 1992], pp. 190–191

Recordé que ésa era mi última oportunidad, y decidí formular incluso las preguntas más humillantes, en aras de resolver el enigma de Lubavitch. Le expliqué al Rebe que ya había pasado más de un año desde que comencé a intentar entender el movimiento, y que debía confesarle que aún no lo entendía. ¿Le molestaría a él si comenzaba la entrevista preguntándole acerca de la personalidad del jasid?

El Rab. Menajem Mendel me sonrió, y me dijo que continuara; yo hablaba en inglés, pero él contestaba en idish.

"El hecho de que los jasidim se dirijen a su Rebe para tomar casi todas las decisiones en sus vidas – no es acaso ésta una señal de debilidad, un repudio de lo que hace que los hombres sean humanos, es decir, su *bejirá*, su libre albedrío?"

Rabino Herbert Weiner
1919–2013

Nació en Bostón y es egresado de la Universidad de Massachusetts, Amherst, del año 1942. Durante la Segunda Guerra Mundial se desempeñó como oficial de radio en la Marina Mercante. En el año 1948 fue el Rabino que fundó el Templo Israel de South Orange, N.J., una congregación reformista, y allí se quedó hasta jubilarse en el año 1982. Weiner escribió dos libros: *Mística 9½, y Las cabras salvajes de Ein Guedi*, ambos recibieron el Premio Nacional del Libro Judío.

PREGUNTA PARA DEBATIR

¿Cómo contestarías esta pregunta?

Texto 3b

Rabino Herbert Weiner, ibid.

El Rebe respondió sin vacilar, como si ya hubiera contestado la misma pregunta anteriormente. "Una persona débil generalmente es influenciada, vencida por el entorno que lo rodea. Sin embargo, nuestros jasidim son enviados a cualquier ambiente, y no importa cuán raro u hostil sea, logran mantenerse ellos mismos. Así que... ¿cómo podemos decir que la debilidad es una característica de los jasidim?"

PREGUNTA PARA DEBATIR

¿Contestó el Rebe la pregunta de Rab. Weiner? Justifica tu respuesta.

PREGUNTAS PARA DEBATIR

3. **¿Es precisa la afirmación Rabino Sacks - considerando cuánto afecto tienen sus seguidores por el Rebe?**
4. **¿Cuál crees tú que es el equilibrio apropiado entre seguir a un Rebe (o a cualquier líder) y pensar por uno mismo?**

“¡Haz como lo entiendas!”

Doble coronación

EJERCICIO DE APRENDIZAJE 1

Basándote en tu experiencia y conocimientos propios, de las personas descritas a continuación, ¿cuál consideras que es el religioso ideal?

5. Aquel que sigue las instrucciones divinas sin cuestionarlas y sin necesidad de entender el por qué.
6. Aquel que tiene preguntas, pero así y todo obedece.
7. Aquel cuya obediencia de la voluntad de Dios está acompañada por un entendimiento y apreciación de los motivos de las *mitzvot*.

Texto 4a

Éxodo 24:3–7

וַיָּבֹא מֹשֶׁה וַיְסַפֵּר לָעָם אֵת כָּל דִּבְרֵי ה' . . . וַיֹּאמְרוּ,
"כֹּל אֲשֶׁר דִּבֶּר ה' נַעֲשֶׂה וְנִשְׁמָע".

Vino Moshé [desde la cima del Monte Sinaí] y le contó al pueblo todas las palabras de Dios... Ellos dijeron: “Todo lo que dijo Dios [los preceptos], haremos y entenderemos.”

Texto 4b

Talmud de Babilonia

Una obra literaria de proporciones monumentales que abarca las tradiciones legales, espirituales, intelectuales, éticas e históricas del judaísmo. Los 37 tratados del Talmud contienen las enseñanzas de los sabios judíos del período comprendido entre la destrucción del 2ndo Templo y el siglo V de nuestra era. Ha servido como el vehículo primario de trasmisión de la ley oral y la educación de los judíos a través de los siglos; es la puerta de entrada para todo el pensamiento judío legal, ético, y teológico.

Talmud, Shabat 88a

בשעה שהקדימו ישראל נעשה לנשמע, באו ששים ריבוא של מלאכי השרת לכל אחד ואחד מישראל קשרו לו שני כתרים: אחד כנגד נעשה ואחד כנגד נשמע.

En el momento en que el pueblo de Israel ubicó antes el "haremos" que el "entenderemos", sesenta miríadas de ángeles ministeriales vinieron y colocaron dos coronas a cada uno de los judíos: una correspondía al "haremos" y otra al "entenderemos".

PREGUNTA PARA DEBATIR

Esta declaración talmúdica, proporciona alguna respuesta a la pregunta planteada en el EJERCICIO DE APRENDIZAJE 1?

Una misión revolucionaria

Texto 5a

Deuteronomio 1:22

וַיְדַבֵּר ה' אֶל מֹשֶׁה לֵּאמֹר: "שְׁלַח לְךָ אֲנָשִׁים וְיָתֻרוּ אֶת
אֶרֶץ כְּנַעַן אֲשֶׁר אֲנִי נֹתֵן לִבְנֵי יִשְׂרָאֵל".

Todos ustedes vinieron hacia mí y dijeron: "Enviemos hombres antes, para que puedan explorar la Tierra por nosotros y traernos un informe."

Texto 5b

Números 13:1–2

וַיְדַבֵּר ה' אֶל מֹשֶׁה לֵּאמֹר: "שְׁלַח לְךָ אֲנָשִׁים וְיָתֻרוּ אֶת
אֶרֶץ כְּנַעַן אֲשֶׁר אֲנִי נֹתֵן לִבְנֵי יִשְׂרָאֵל".

Dios le habló a Moshé y le dijo: "Envía para tí hombres para explorar la Tierra de Canaán, que yo le doy a los hijos de Israel."

Texto 5c

Rashi, ad loc.

Rab. Shlomo Itzjaki
(Rashi)
1040–1105

Es el comentarista bíblico y talmúdico más destacado. Nació en Troyes, Francia, y estudió en las famosas *ieshivot* de Mainz y Worms. Sus comentarios sobre el Pentateuco y el Talmud, que se enfocan en una comprensión simple del texto, aparecen en todas las ediciones del Talmud y de la Biblia.

שלח לך—לדעתך. אני איני מצוה לך, אם תרצה שלח.

“Envía para tí ”—es decir, haz según tu comprensión. No te lo ordeno; si lo deseas, puedes enviar.

Texto 6

Mishná, Avot 2:4

Pirkei Avot
(Tratado de los Padres)

Es una obra de ética judía, de 6 capítulos, muy estudiada en las comunidades judías, en especial durante el verano. Los primeros 5 capítulos son de la Mishná, Tratado de los Padres. Este tratado difiere del resto de la Mishná en el sentido de que no se enfoca en temas legales; es una colección de sabiduría relacionada al desarrollo del carácter, ética, vida saludable, piedad, y el estudio de la Torá..

עשה רצונו כרצונך . . .

בטל רצונך מפני רצונו.

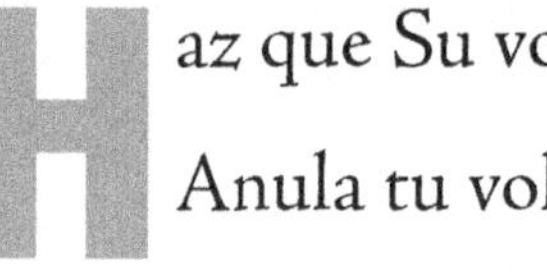

Haz que Su voluntad sea tu voluntad…

Anula tu voluntad ante la Suya.

PREGUNTA PARA DEBATIR

¿Qué diferencia hay entre “Haz que Su voluntad sea tu voluntad” y “Anula tu voluntad ante la Suya”?

Texto 7

El Rebe, *Sefer Hasijot* 5749, 2:538

כשהקדוש ברוך הוא אמר למשה "שלח לך, לדעתך, אני איני מצוה לך, אם תרצה שלח" – הרי לא זו בלבד שמשה **לא חשש** שיש כאן ענין בלתי-רצוי, אלא **אדרבה** – הי' **שמח** על החידוש שבדיבור זה ("וידבר גו' שלח לך"), שעבודת המטה תוכל להיות באופן של בחירה חפשית לגמרי – ללא ה"הכרח" דציווי הקדוש ברוך הוא, כי אם **מדעתו ומרצונו של האדם** ("לדעתך . . אם תרצה"), שיהיו מתאימים **מעצמם** לרצונו של הקדוש ברוך הוא.

Moshé no se preocupó para nada cuando Dios le dijo: "Envía para ti, haz según tu comprensión. No te lo ordeno; si lo deseas, puedes enviar". Por lo contrario, se *regocijó*, ya que percibió que esta directiva daba comienzos a una nueva fase. Este nuevo y más elevado nivel de servicio divino es íntegramente un producto de nuestro libre albedrío, e incluso carece de la sutil 'coerción' implícita en una instrucción divina. El servicio es completamente concordante con nuestro propio entendimiento y deseos ("según tu entendimiento... si lo deseas"), que están completamente en sincronía con la voluntad de Dios.

Sefer Hasijot

Es una serie de 12 volúmenes de discursos del Rebe, que se dictaron entre los años 1986 y 1992. Durante este tiempo, el Rebe regularmente revisaba y editaba (partes de) sus discursos transcriptos, para luego poder publicarlos. El idioma varía entre el hebreo y el idish. Estos discursos eran publicados en dos periódicos semanales: el *Algemeiner Journal* (idish) y el *Kfar Jabad* (hebreo).

Texto 8

El Rebe, *Haiom Iom*, Menajem Av 29

Haiom Iom
1942,

En el año 1942, el Rab. Iosef I. Schneersohn, sexto Rebe de Jabad, le encomendó a su yerno, el futuro Rebe, la tarea de compilar una antología de aforismos y costumbres jasídicas de acuerdo a los días del año. En su descripción del producto terminado, Rab. Iosef Itzjak lo denominó "un libro pequeño en tamaño pero que revienta con perlas y diamantes de la mejor calidad."

עס דארף זיין עבודה בכח עצמו. העכער איז אז מ'נעהמט פאר'ן האנט און מ'פירט. טייערער איז אז עס איז בכח עצמו.

Nuestro servicio debe ser producto de nuestro propio esfuerzo. A pesar de que se pueden alcanzar niveles más elevados cuando nos llevan de la mano y nos guían, es mucho más precioso llegar allí por nuestra propia fuerza.

PREGUNTA PARA DEBATIR

¿Cuáles son los beneficios del modelo de la *avodá bekoaj atzmó*?

Llamas auto subsistentes

Texto 9

Mishná Avot 4:12

יהי כבוד תלמידך חביב עליך כשלך,

וכבוד חברך כמורא רבך,

ומורא רבך כמורא שמים.

El honor de tu alumno debería ser para ti tan precioso como el tuyo.

El honor de tu colega debería ser para ti tan grande como tu temor reverencial hacia tu maestro.

Tu temor reverencial hacia tu maestro debería estar a la par de tu temor reverencial hacia Dios.

Texto 10a

Números 8:1–2

וַיְדַבֵּר ה' אֶל מֹשֶׁה לֵּאמֹר: "דַּבֵּר אֶל אַהֲרֹן וְאָמַרְתָּ אֵלָיו: בְּהַעֲלֹתְךָ
אֶת הַנֵּרֹת, אֶל מוּל פְּנֵי הַמְּנוֹרָה יָאִירוּ שִׁבְעַת הַנֵּרוֹת".

Dios le habló a Moshé, diciéndo: "Habla con Aaron y dile: 'Cuando hagas que las lámparas (las llamas de las lámparas del Tabernáculo] asciendan, las siete lámparas iluminarán la cara de la menorá."

Texto 10b

Rashi, ad loc.

על שם שהלהב עולה, כתוב בהדלקתן לשון עליה, שצריך להדליק עד שתהא שלהבת עולה מאליה.

Debido a que la llama se eleva, la Torá describe su encendido en términos de una elevación: el que enciende la menorá debe avivar el fuego de la lámpara hasta el punto en que la llama se eleve por sí misma.

Texto 10c

El Rebe, *Sefer Hasijot* 5751, 2:600–601

כאטש אז דער אויבערשטער גיט כחות א אידן צו טאן זיין עבודה ("הקדוש ברוך הוא עוזרו") אין "נר מצוה ותורה ואור" . . . און אזוי אויך באקומט א איד כחות פון אהרן הכהן (רועה ישראל) וועלכער צינדט אן דעם "נר ה'" למטה, און אויך כחות פון זיינע עלטערן און מחנכים, און פון אנדערע מענטשן ארום . . .

פונדעסטוועגן, באשטייט שלימות ואמיתית העבודה אין דעם, אז (לאחרי וואס ער ווערט "אנגעצונדן" דורך אנדערע) ווערט ער א "שלהבת עולה **מאלי'**", ד.ה. אז די "נר מצוה ותורה אור" נעמט אים אויף אזויפיל דורך, אז דאס לייכט פון אים – פון זיין מציאות (אלס נשמה **בגוף**) – אליין ("מאלי'"), אזוי אז ער דארף ניט אנקומען צו פעולת המשפיע (דעם "מדליק הנר"), זייענדיק א "שלהבת עולה **מאלי'**".

Dios nos da el poder para realizar nuestro servicio de encender e iluminar [a nosotros mismos y al mundo] con la luz de la Torá y las *mitzvot*. . . . Adicionalmente, recibimos los poderes del Sumo Sacerdote Aaron (el Pastor de Israel), quien enciende la "vela de

Dios" aquí en este mundo. También somos aconsejados e inspirados por nuestros padres, educadores, y la gente con la que interactuamos...

No obstante, [no alcanza con los poderes y consejos que recibimos de Dios y de terceros, ya que] el servicio esencial y más verdadero nos exige que seamos "llamas que se elevan por sí mismas" (luego de ser 'encendidas' por otros). La luz de la Torá y las *mitzvot* debe impregnarnos de forma tal que nosotros mismos nos transformemos en fuentes de iluminación independientes, y no necesitemos más de los esfuerzos de un mentor (aquel que encendió la llama) – porque nos hemos convertido en llamas auto subsistentes.

PREGUNTA PARA DEBATIR

¿Cómo puede un líder lograr que sus seguidores trabajen de forma proactiva y auto motivada?

Texto 11

El Rebe, *Likutei Sijot* 2:500–501

איצטער הערט זיך איין אידן! בכלל ביי חב"ד האט מען געמאנט אז מען דארן אליין טאן, ניט פארלאזן זיך אויף די רביים . . . איז דארפן מיר אלע אליין טאן, מיט די רמ"ח אברים ושס"ה גידים פון גוף, און די רמ"ח אברים ושס"ה גידים פון נשמה, עס שטייט דאך "הכל בידי שמים חוץ מיראת שמים". איך זאג זיך ניט אפ חס ושלום פון העלפן. העלפן וויפל מען וועט קענען. אבער הכל בידי שמים חוץ מיראת שמים.

במילא אויב מען טוט ניט אליין – איז וואס וועט העלפן וואס מ'גיט כתבים, מ'זינגט ניגונים, מ'זאגט לחיים.

דער רבי פלעגט אמאל זאגן לייגט זיך ניט קיין פויגעלעך אין בוזעם. מען דארף אליין מהפך זיין דעם שטות דלעומת זה און דעם קאך פון נפש הבהמית אויף קדושה.

Likutei Sijot

Considerado el magnum opus del Rebe, los 39 volúmenes de *Likutei Sijot* destacan ensayos académicos relacionados con los temas de la porción semanal de la Torá y las festividades judías. El Rebe inicialmente transmitía estos temas en sus discursos públicos, y luego los reescribía para publicarlos. En algunos volúmenes estos ensayos aparecen en idish, mientras que otros están en hebreo. La mayoría de los volúmenes también contienen una colección de cartas del Rebe.

¡Escuchen, mis pares judíos! Los Rebes de Jabad exigían a sus jasidim tomar decisiones por ellos mismos, y no depender únicamente en el Rebe... Después de todo, incluso Dios mismo no impregna a nadie con piedad o una conducta apropiada. Por lo tanto, todos debemos trabajar con nuestros cuerpos y almas. No les negaré mi asistencia, Dios no lo quiera; los ayudaré lo máximo posible, pero no puedo hacer el trabajo por ustedes.

¿De qué sirve si publico discursos jasídicos, canto melodías jasídicas, y digo *lejaim* (en las reuniones jasídicas) – si todos ustedes no hacen su parte? El Rebe [mi suegro] solía decir: "No te engañes." Cada uno de nosotros debe, en forma personal, transformar en santidad nuestra tendencia a las tonterías, y las pasiones materiales [porque nadie más puede hacerlo por nosotros].

Texto 12

El Rebe, *Torat Menajem* 5748, 2:215–216

מענה כללי להשלוחים שי': כאשר מתעוררים ספקות ושאלות בקשר לאופני פעולת השליחות בהפצת היהדות והמעיינות חוצה . . .

הרי, המענה הכללי שצריכים לסמוך על שיקול דעתם, "אין לו לדיין אלא מה שעיניו רואות", בכל מקום לפי ענינו.

La siguiente respuesta es mi respuesta general a los *shlujim* [emisarios] que tienen dudas o preguntas acerca de qué métodos son apropiados o aconsejables durante la implementación de su *shlijut* y tarea de difundir el judaísmo y los manantiales de enseñanzas jasídicas:

Mi respuesta es que deben actuar según su propia comprensión de la situación. "Un juez debe dictaminar basándose en la evidencia que tiene delante suyo" (Talmud, Sanedrín 6b), en cada lugar de acuerdo a las necesidades y circunstancias únicas.

Torat Menajem

Una traducción al hebreo de la transcripción de los discursos del Rebe. Esta obra también es exhaustivamente complementada con referencias cruzadas y notas al pie. Más de 90 volúmenes han aparecido en esta serie desde el año 2014, abarcando los períodos 1950–1968 y 1982–1992. El Rebe no editó ni revisó la precisión de estas publicaciones.

Conferencia Internacional de *Shlujim* – 2010

Es tiempo de aplicar

Texto 13

Rab. Ieshaiahu Halevi Horowitz, *Shnei Lujot Habrit, Asará Maamarot* 1

נוסף על מה שהוקבע אמונה האלקות בלבבך מצד אביך, דהיינו הקבלה איש מפי איש, דע אתה בעצמך מצד ההשגה.

וזהו רמז הפסוק, "זה א-לי ואנוהו, אלקי אבי וארממנהו" (שמות טו,ב).

רצה לומר, כש"זה א-לי", שהוא א-לי מצד השגתי וידיעתי, אז "ואנוהו", מלשון "אני והו", רצה לומר, אני והוא דבוקים ביחד כביכול, כי הידיעה נתפסת בלב.

אמנם כשאין לי הידיעה מצד ההשגה, רק מצד הקבלה שהוא "אלקי אבי", אז "וארממנהו", כי הוא רם ונשגב ממני, ואני מרוחק מאתו במצפון הלב.

Rabino Ieshaiahu Halevi Horowitz
(Shelah)
1565–1630

Cabalista y autor. El Rabino Horowitz nació en Praga y se desempeñó como Rabino en varias comunidades judías prominentes, incluyendo las de Frankfurt, am Main, y la misma Praga. Se instaló en Israel en el año 1620, luego del fallecimiento de su mujer. En Tiberias terminó el *Shnei Lujot Habrit*, compilación enciclopédica sobre ideas cabalistas. Está enterrado en Tiberias, junto a Maimónides.

Además de la creencia en Dios, implantada en nuestros corazones por nuestros padres quienes nos transmitieron la ancestral tradición judía, debemos esforzarnos por comprender a Dios desde nuestro intelecto.

A esto se refiere el versículo: "Éste es *mi* Dios, *ve'anvehu* [literalmente: y lo glorificaré], el Dios de mi padre, lo alabaré." (Éxodo 15:2).

Cuando "éste es mi Dios", es decir, cuando mi relación con Él es producto de mi comprensión y conocimiento propio, entonces *ve'anvehu*, una contracción de las palabras hebreas *ani vahu*, "Yo y Él." Él y yo entonces estamos unidos [tenemos una relación significativa], ya que mi entendimiento de Él impregna las emociones de mi corazón.

En cambio, si no comprendo la divinidad, y dependo únicamente de la fe de mi tradición familiar (el "Dios de mi padre"), entonces "lo alabaré". Dios continúa alabado y más allá de mí, y yo me mantengo distante emocionalmente de Él.

EJERCICIO DE APRENDIZAJE 2

¿De qué creencias o áreas dentro de las prácticas judías, podría 'apropiarme' al cambiar de seguidor a comprendedor?

1. ______________________________

____

____

2. ______________________________

____

____

3. ______________________________

____

____

Transformación total

Texto 14

Mishná, Avot 1:17

ולא המדרש עיקר, אלא המעשה.

Lo principal no es el estudio, sino la acción.

Texto 15 (Opcional)

El Rebe, *Haiom Iom*, Kislev 17

חסידות חב"ד פותחת שערי היכלי חכמה ובינה, לידע ולהכיר את מי שאמר והי' העולם בהשגה שכלית, מעוררת רגשי הלב להתפעל באותה מדה שבלב המחוייבת מהשכלה זו, ומורה דרך אשר כל אחד ואחד לפום שיעורא דילי' יכול לגשת אל הקדש לעבוד את הוי' במוחו ולבו.

Jasidut Jabad abre las puertas de la sabiduría y el entendimiento, y nos permite comprender y reconocer a Dios intelectualmente; revuelve los sentimientos del corazón y logra despertar dentro nuestro la emoción apropiada [por ejemplo, comprender la bondad infinita de Dios nos lleva a poder amarlo]; guía a cada individuo a acercarse a Dios y a servirlo tanto con la mente como con el corazón, cada uno de acuerdo a sus propias habilidades.

La morada divina esencial

Texto 16

El Rebe, *Likutei Sijot* 29:100

די שלימות החביבות והתענוג דלמעלה איז ווען ביי אידן איז
פאראן אויך די הבנה והשגה אין עניני תורה ומצוות.

ווארום נתאוה הקדוש ברוך הוא להיות לו דירה בתחתונים, אז **אלע** "תחתונים" זאלן ווערן א "דירה" וכלי צו ג-טלעכקייט. בשעת ביי א אידן טוט זיך אויף בלויז דער "נעשה" – עשי', קבלת עול – איז אף על פי אז אין דעם דריקט זיך אויס זיין ביטול צום רצון העליון, איז דאס אבער ניט אן ענין וואס דרינגט דורך זיין מציאות בכל פרטי', אויך די כחות פנימיים; כדי עס זאל זיך דורכפירן די כוונה פון "דירה בתחתונים" איז ניט געווג וואס א איד איז זיך מבטל צום רצון העליון, נאר ער כולו ובכל פרטיו מוז ווערן א "כלי" ("דירה") צו קדושה, וואס דאס איז דוקא ווען עס איז (אויך) דא (כוחותיו הפנימיים) "נשמע", הבנה והשגה.

Cuando comprendemos intelectualmente a la Torá y las *mitzvot,* le ocasionamos a Dios el más grande placer que podamos imaginar; es el tipo de servicio que más valora. El deseo de Dios de tener "una morada en los mundos inferiores" requiere que *todos* los elementos de dichos mundos constituyan un hábitat apropiado para Dios. Cuando negamos nuestra propia comprensión y sentimientos, pero igual elegimos actuar según lo ordenado por Dios, a pesar de que dicho comportamiento manifieste una tremenda sumisión hacia Él, también demuestra que Su voluntad no nos ha impregnado totalmente, ya que nuestras facultades intelectuales y emocionales aún no son un recipiente para Dios. Para poder cumplir completamente el deseo de Dios, debemos transformarnos totalmente en una morada apta para la santidad; esto sólo puede ocurrir cuando comprendemos el plan divino.

Puntos clave

1. Hay dos niveles de servicio divino: (a) negar e ignorar la voluntad y comprensión propia, y en cambio elegir conformarse a la voluntad de Dios. B) Utilizar la capacidad intelectual para *transformar* los deseos y voluntad propia al punto tal que éstos reflejen y estén totalmente en sincronía con el plan divino.

2. El segundo nivel de servicio, conocido como *avodá becoaj atzmó*, es mucho más grandioso que el primero. Sus beneficios incluyen un aumento en la pasión, inversión personal más intensa, y una mayor durabilidad. Adicionalmente, permite que cada uno intuya las elecciones apropiadas en aquellas áreas en las que Dios no emitió ninguna instrucción específica.

3. La independencia y autonomía que ofrece el modelo de la *avodá becoaj atzmó* deben estar precedidas por y ancladas en un compromiso inequívoco con las instrucciones de Dios.

4. La *avodá becoaj atzmó* también es la relación ideal entre los líderes y los seguidores, como es por ejemplo la de un Rebe con sus jasidim. El jasid no sólo sigue las instrucciones de su Rebe, sino que también se esfuerza por sincronizar, tanto su mente como su corazón, con sus principios e ideas.

5. El líder ideal adopta y cultiva la *avodá becoaj atzmó* en sus seguidores. Este emprendimiento era la base del modelo de liderazgo del Rebe.

6. La *avodá becoaj atzmó* no es secundaria al jasidismo Jabad, sino que es la base de su filosofía, y la razón por la cual se exige una comprensión y estudio riguroso de lo divino.

7. El propósito final de la Creación es el servicio divino auto motivado, en cuanto que facilita transformar el mundo para que esté en sincronía con su Creador.

Apéndice A

Adaptado de *Likutei Sijot* 20:284

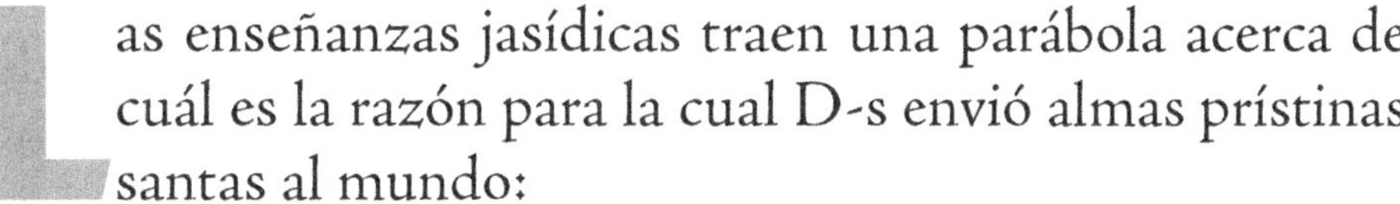

Las enseñanzas jasídicas traen una parábola acerca de cuál es la razón para la cual D-s envió almas prístinas santas al mundo:

Había una vez un poderoso rey, que sólo tenía un hijo. El príncipe era regio, bondadoso, sabio, y poseedor de múltiples talentos. Muy orgulloso, el rey presenció cómo su hijo asumía cada vez más y más responsabilidades del palacio real. Fuera cual fuera el emprendimiento, su hijo lo hacía de manera exitosa.

Un día, los ministros y sirvientes del palacio real recibieron la noticia más sorprendente que podían imaginar: sin ningún motivo aparente, el rey había echado del palacio a su amado hijo. Lo envió sin siquiera darle un centavo, e incluso le ordenó quitarse su atuendo real antes de su partida precipitada. El rey exilió a su hijo a una provincia lejana, un lugar cuyos habitantes prácticamente no estaban al tanto de la existencia de la familia real; un lugar en el cual su linaje no impresionaría a nadie, ni le traería ninguna ventaja.

Pasaron los años, y los miembros del palacio real habían casi olvidado al príncipe. Sin embargo, un día vieron una gran caravana aproximarse al palacio. La encabezaba una carroza real en la cual estaba sentado el príncipe, que vestía gloriosas prendas reales. Lo acompañaban muchos sirvientes y ayudantes, y múltiples vagones cargados con las riquezas que el príncipe había logrado acumular. Al parecer, al príncipe le había ido muy bien en su exilio, había logrado conseguir, por sí mismo, una fortuna, e incluso había sido elegido gobernador de dicha provincia remota.

El rey organizó una gran fiesta con motivo de la vuelta de su hijo, y allí finalmente se contestó la pregunta misteriosa de hacía tantos años. El rey le explicó a todos los allí reunidos el motivo por el cual echó a su hijo.

"Durante años y años," comenzó el rey, "me maravillé ante cómo mi hijo, la niña de mis ojos, triunfaba en todos sus emprendimientos; pero siempre me perturbó una idea. Todos sus logros podían ser atribuidos al hecho de que moraba en el palacio real, aprovechaba el tesoro real, y tenía acceso a las más grandes mentes y artistas. En los más profundo de mi corazón siempre supe que mi hijo es grandioso por su propia cuenta, e intrínsecamente real, y que no necesita ninguna de estas ventajas para poder triunfar. Por eso, para probar este punto, lo despaché a una tierra en la que debería conseguir todo por mérito propio. En ningún momento dudé que llegaría este día, el día en que mi hijo volvería y recuperaría su puesto en el palacio – un puesto que ahora se ha ganado legítimamente."

CLASE 5

Redefiniendo el fracaso

Todos cometemos errores, ¡así es la vida! Pero, ¿por qué fue diseñada así? En esta clase exploraremos cómo el fracaso no es una anomalía en el diseño de la creación, sino la herramienta por medio de la cual puede tallarse el tipo de éxito más alto.

La anatomía del fracaso

¿Una falla en el plan?

EJERCICIO DE APRENDIZAJE 1

En una escala del 1 al 5 (siendo 1= pobre y 5=magnífico), asígnale un puntaje a la perfección y excelencia de las siguientes entidades:

El ecosistema terrestre	1	2	3	4	5
La naturaleza humana	1	2	3	4	5
La legislatura de nuestra nación	1	2	3	4	5
La composición del cuerpo humano	1	2	3	4	5
El sistema solar	1	2	3	4	5

PREGUNTA PARA DEBATIR

¿Acaso somos nosotros, como seres humanos poseedores de la facultad del libre albedrío, la excepción al universo perfecto de Dios? ¿Acaso a veces no desafiamos y socavamos el plan divino?

EJERCICIO DE APRENDIZAJE 2A

En cuanto a tus relaciones interpersonales, ¿de qué es lo que más te arrepientes?

____

____

____

En cuanto a tu relación con Dios, ¿de qué es lo que más te arrepientes?

____

____

____

En cuanto a tu carácter, integridad, u oportunidades perdidas, ¿de qué es lo que más te arrepientes?

____

____

____

EJERCICIO DE APRENDIZAJE 2B

Enumera tres acontecimientos o circunstancias que fueron un factor de fracaso en una relación interpersonal:

a) ____________________

b) ____________________

c) ____________________

Enumera tres acontecimientos o circunstancias que fueron un factor de fracaso en tu relación con Dios:

a) ____________________

b) ____________________

c) ____________________

Enumera tres acontecimientos o circunstancias que fueron un factor de fracaso en cuanto a tu carácter, integridad, u oportunidades perdidas:

a) ____________________

b) ____________________

c) ____________________

Texto 1a

Génesis 1:26

וַיֹּאמֶר אֱלֹקִים נַעֲשֶׂה אָדָם בְּצַלְמֵנוּ כִּדְמוּתֵנוּ.

Dijo Dios, "Hagamos al hombre a nuestra imagen y semejanza."

Texto 1b

Midrash, *Bereshit Rabá* 8:8

בשעה שהיה משה כותב את התורה, היה כותב מעשה כל יום ויום. כיון שהגיע לפסוק הזה שנאמר, "ויאמר אלקים, 'נעשה אדם בצלמנו כדמותנו'", אמר לפניו: "רבון העולם! מה אתה נותן פתחון פה למינים? אתמהא!"

אמר לו, "כתוב! והרוצה לטעות יטעה".

En el momento en que Moshé transcribió la Torá, escribió la crónica de las acciones de Dios de cada uno de los [seis] días [de la Creación]. Cuando Moshé llegó al versículo: "Hagamos al hombre a nuestra imagen y semejanza.", se quedó boquiabierto. "¡Señor del Universo!" exclamó Moshé. "¿Por qué redactas el versículo de forma tal que alimentará a los herejes?".

Dios respondió: "¡Escribe [tal como te lo he dictado]! Y aquellos que deseen equivocarse son libres de hacerlo."

Bereshit Rabá

Es uno de los primeros comentarios rabínicos sobre el Libro de Génesis, lleva el nombre de Rabí Oshia Rabá (Rabí Oshia "el grande"), cuya enseñanza encabeza esta obra. Este Midrash provee interpretaciones y anécdotas textuales, se explaya sobre la narración bíblica, y desarrolla e ilustra los principios morales. Fue desarrollado por los sabios del Talmud, en la Tierra de Israel, y su uso del arameo hace que se asemeje al Talmud de Jerusalén. Fue publicado por primera vez en el año 1512 en Constantinopla, junto con otras cuatro obras del Midrash acerca de los otros libros del Pentateuco.

Texto 1c

El Rebe, *Sijot Kodesh* 5737, 1:134

משה רבינו שרייט, "ווי קען מען שרייבן נעשה לשון רבים?!" און דער אויבערשטער ענטפערט אים, "כתוב!" כדי ס'זאל זיין די אפשריות לטעות.

איז דאך לכאורה ניט פארשטאנדיק: דער אויבערשטער איז דאך עצם הטוב, און טבע הטוב להטיב, איז ווי קען ער זאגן, "כתוב, והרוצה לטעות יטעה"?

Sijot Kodesh
Son transcripciones (su gran mayoría en idish) de los discursos públicos del Rebe (en los *farbrenguen*) entre los años 1950 y 1981, publicados en 50 volúmenes. Los discursos que el Rebe daba en Shabat y las fiestas, días en los que está prohibido tomar apuntes y grabar, eran memorizados por un equipo entrenado (llamados *jozrim*) que luego los reconstruía y transcribía de memoria. El Rebe no editó ni revisó estás transcripciones.

Moshé protesta fuertemente: "¿Cómo puedes escribir '*Hagamos*', en plural?" A lo que Dios le responde: "¡Escribe [tal como te lo he dictado]!", y deja lugar a la posibilidad del error.

Esto desafía nuestro entendimiento. Si Dios es la esencia de la bondad, y la naturaleza del bien es procurar bondad – entonces, ¿cómo puede Dios decir: "¡Escribe! Y aquellos que deseen equivocarse son libres de hacerlo."?

Texto 2a

El Rebe, *Likutei Sijot* 5:66–67

Likutei Sijot
Considerado el magnum opus del Rebe, los 39 volúmenes de *Likutei Sijot* destacan ensayos académicos relacionados con los temas de la porción semanal de la Torá y las festividades judías. El Rebe inicialmente transmitía estos temas en sus discursos públicos, y luego los reescribía para publicarlos. En algunos volúmenes estos ensayos aparecen en idish, mientras que otros están en hebreo. La mayoría de los volúmenes también contienen una colección de cartas del Rebe.

אויך די ירידות אין וועלט און אין מענטשן וואס ווערן געשאפן דורך **זיינע** מעשים און לויט זיין בחירה חפשית – וויבאלד אז אויך זיי זיינען "על פי ההשגחה העליונה" ובמילא פירן זיי דאך צו א געוויסן תכלית – זיינען אויך זיי, די ירידות, א חלק פון דעם תכלית.

און הגם אז מעשה החטא גופא איז דאך זיכער **היפך** רצון העליון – איז אבער דער מצב פון ירידה אין וועלט און אין מענטשן, וואס ווערט געשאפן דורכן חטא, ניט קיין זאך פון היפך רצון העליון, דאס הייסט, ס'איז ניט קיין ירידה אמיתית, נאר א חלק פון דער עלי' וואס קומט דורך איה.

El deterioro que el mundo y los individuos sufren, como consecuencia de las acciones humanas y del libre albedrío, también ocurren de acuerdo al plan de Dios, y por lo tanto deben llevar a una meta [productiva]. Como tal, este deterioro también es parte de la intención de Dios. A pesar de que los actos pecaminosos ciertamente son contrarios a la voluntad de Dios, el descenso resultante del estado del mundo o del individuo, no es contrario a su voluntad. Por consiguiente, un descenso no es realmente un descenso, sino un componente necesario del ascenso al cual llevará.

Texto 2b

El Rebe, *Sefer Hamaamarim* 5735, p. 290

ומאחר שזה בא מעצם הטוב, וטבע הטוב להטיב, הרי זה סימן שזוהי עלי' כזאת שאין דרך אחרת לבוא אלי', דאם הי' דרך קלה יותר וטובה יותר ובלי היסורים ובלא ענין הירידה, אם כן למה עשה הוי' ככה?

Al ser que [el deterioro] fue permitido por Dios, la esencia de la bondad, y la naturaleza del bien es procurar la bondad, debe ser entonces que no hay ninguna otra manera de lograr un ascenso de esta magnitud. Porque, si hubiera un camino más fácil y directo para llegar al destino, uno libre de penurias y saltos dolorosos, ¿por qué permitiría Dios el sendero más difícil?

Sefer Hamaamarim

Es una transcripción de los *maamarim* del Rebe. Los maamarim son discursos de los Rebes de Jabad, en los que se explora y analiza en profundidad la filosofía de jabad y el misticismo. Los discursos que el Rebe daba en Shabat y las fiestas, días en los que está prohibido tomar apuntes y grabar, eran memorizados por un equipo entrenado (llamados *jozrim*) que luego los reconstruía y transcribía de memoria. El Rebe no editó ni revisó estás transcripciones. Al día de hoy se hay publicado más de 20 volúmenes.

La ventaja de la desventaja

Más allá del "perdonar y olvidar"

PREGUNTA PARA DEBATIR

¿Qué podemos obtener de los fracasos?

Texto 3

Rab. Itzjak Abohav, *Menorat Hamaor, Ner 5, Kelal 3* 2:10

גדולה תשובה שהיא מכפרת דבר קל ודבר חמור, ליחיד ולרבים,
כשהיא נעשית כהלכתה ולא ישוב עוד למשובתו.

וזהו חסד גדול שעושה הקדוש ברוך הוא עם החוטאים,
שמוחה עונם ולא יזכרו ולא יפקדו לעולם.

Rab. Itzjak Abohav

Predicador y autor del s.XIV en España. Era un hombre de negocios, y estaba preocupado por la falta de escolaridad judía en su tiempo. Llegando al fin de su vida, dedicó mucho tiempo a predicar y a escribir. Es autor de *Menorat Hamaor*, una obra sobre ética, basada en las distintas secciones del Talmud. La obra pasó a ser un ítem popular en las casas judías de la edad media.

¡Qué grande es la *teshuvá*! Permite expiar tanto los pecados grandes como los pequeños, aquellos cometidos tanto por individuos como por comunidades – siempre y cuando la *teshuvá* sea verdadera [con una intención sincera] y que no será vencida nunca más.

La *teshuvá* es una bondad extraordinaria que Dios le ofrece aquellos que se desvían. Él borra sus pecados, y nunca más recuerda sus ofensas.

Texto 4

Talmud, Berajot 34b

מקום שבעלי תשובה עומדין צדיקים גמורים אינם עומדין, שנאמר (ישעיהו נז,יט): "שלום שלום לרחוק ולקרוב" – לרחוק ברישא והדר לקרוב.

En aquel lugar en el que están parados los penitentes, incluso los justos completos no pueden pararse allí. A esto se refiere en el versículo "Paz, paz a aquellos distantes y aquellos cercanos" (Isaías 57:19): primero [Dios Saluda a aquellos que estaban] alejados [y desde entonces se han arrepentido], y luego a aquellos [que siempre estuvieron] cerca.

Talmud de Babilonia

Una obra literaria de proporciones monumentales que abarca las tradiciones legales, espirituales, intelectuales, éticas e históricas del judaísmo. Los 37 tratados del Talmud contienen las enseñanzas de los sabios judíos del período comprendido entre la destrucción del 2ndo Templo hasta el siglo V de nuestra era. Ha servido como el vehículo primario de trasmisión de la ley oral y la educación de los judíos a través de los siglos; es la puerta de entrada para todo el pensamiento judío legal, ético, y teológico.

PREGUNTA PARA DEBATIR

¿Cómo es que el que el penitente se encuentra en un lugar más alto que el que nunca fracasó en primer lugar?

Texto 5

Talmud, Iomá 86b

גדולה תשובה שזדונות נעשות לו כזכיות, שנאמר (יחזקאל לג,יט)
"ובשוב רשע מרשעתו ועשה משפט וצדקה, עליהם הוא יחיה".

¡Qué grande es la *teshuvá*! Hace que incluso las transgresiones intencionales sean transformadas en méritos. Como está dicho: "Si el malvado se aparta de su maldad y se comporta con justicia y rectitud, vivirá gracias a ellas" (Ezequiel 33:19).

Texto 6

Rabino Shneur Zalman de Liadí, *Tania*, cap. 7

Rab. Shneur Zalman de Liadí
(Alter Rebe)
1745-1812

Rebe jasídico, autoridad halájica, fundador del movimiento Jabad. El Alter Rebe nació en Liozna, Bielorusia, y fue uno de los alumnos principales del Maguid de Mezeritch. Sus numerosas obras incluyen el *Tania*, un clásico de los fundamentos del jasidismo de Jabad, y el *Shuljan Aruj Harav*, un código de ley judía.

... תשובה גדולה כל כך שזדונות נעשו לו כזכיות ממש, שהיא תשובה מאהבה מעומקא דלבא באהבה רבה וחשיקה ונפש שוקקה לדבקה בו ית', וצמאה נפשו לה' כארץ עיפה וציה. להיות כי עד הנה היתה נפשו בארץ ציה וצלמות, היא הסטרא אחרא, ורחוקה מאור פני ה' בתכלית, ולזאת צמאה נפשו ביתר עז מצמאון נפשות הצדיקים, כמאמרם ז"ל, "במקום שבעלי תשובה עומדים כו'".

ועל תשובה מאהבה רבה זו אמרו שזדונות נעשו לו כזכיות, הואיל ועל ידי זה בא לאהבה רבה זו.

La *teshuvá* que es motivada por un gran amor hacia Dios emana de las profundidades del corazón; brota de un alma que desea apasionadamente apegarse a Dios, y su sed por Él es como la tierra de un desierto seco [que anhela el agua]. Por cuanto que el alma de la persona ha estado en un desierto [espiritual], a la sombra de la muerte, e infinitamente alejada de la luz del rostro de Dios, luego tiene una sed [de Dios] aun mayor que la de las almas de los justos.

Por eso es que nuestros sabios dicen: "En aquel lugar en el que están parados los penitentes, incluso los justos completos no pueden pararse allí."

En cuanto a la *teshuvá* que viene desde el amor, nuestros sabios dijeron: "las transgresiones intencionales se transformarán en méritos". Ya que, [en retrospectiva] son precisamente dichas transgresiones intencionales las que ocasionaron [la sed espiritual que llevó a] este amor hacia Dios.

Texto 7 (Opcional)

II Samuel 22:29

כִּי אַתָּה נֵירִי ה', וה' יַגִּיהַּ חָשְׁכִּי.

Porque Tú, Oh Dios, eres mi vela; y Dios ilumina mi oscuridad.

Texto 8

El Rebe, *Sijot Kodesh* 5737, 1:135

דער גאנצער ענין פון אפשריות לחטא . . . [איז] נאר כדי ס'זאל צוקומען די מעלה פון בעל תשובה . . . ווארום דער גאנצער ענין איז געמאכט געווארן כדי ס'זאל זיין א מציאות פון א "נדח", און די כוונה בזה איז – ס'זאל זיין "לבלתי ידח ממנו נדח" (שמואל ב, יד,יד).

וואס דערמיט איז מובן ווי אזוי מ'קען מתקן זיין על ידי התשובה, ווארום דער ענין החטא איז דאך מלכתחלה בשביל המעלה דתשובה.

Dios permite la posibilidad del pecado...solamente para permitirnos llegar al nivel del *baal teshuvá*... El objetivo del pecado es facilitar la posibilidad de una persona 'expulsada,' y el objetivo de dicha expulsión es tal "que el expulsado no se mantenga alejado de Él." [Como dice en (II Samuel 14:14): "Dios idea la forma de que la persona expulsada no se mantenga alejado de Él"].

Basándonos en esta premisa, podemos comprender cómo, a través de la *teshuvá*, es posible corregir los fracasos pasados. Ya que, en primer lugar, el concepto de pecado es permitir las ventajas que se logran a través de la *teshuvá*.

PREGUNTA PARA DEBATIR

¿Puedes recordar alguna decisión tonta que hayas tomado, que al final te llevó a un lugar mejor, o a ser una persona mejor?

Desde las profundidades de la Vida hasta las profundidades de la Identidad

Texto 9a

El Rebe, *Sefer HaSijot* 5752, 2:428–429

(א) די לוחות הראשונות, וואס אויף זיי זיינען חקוק די עשרת הדברות הראשונות וועלכע זיינען געזאגט געווארן בא מתן תורה (אנהויבנדיק פון דעם אל"ף פון "אנכי"), איז דער אל"ף (די התחלה ויסוד) פון אלע ענינים, כולל גאנץ בריאת העולם . . .

(ב) די ירידה פון דעם חטא העגל וואס האט געבראכט צו שבירת הלוחות – איז מרמז דעם ענין הבי"ת, די כללות'דיקע ירידה אין עולם ("בראשית ברא גו'"), וואס לאזט אן ארט אויף דעם ענין החטא והשבירה כו' . . . און די כוונה אין דעם איז, אז דורך דער עבודה למטה, ביז אפילו אין מצב של ירידה, זאל מען אויספירן די כוונת הבריאה, "בשביל התורה" (כדלקמן).

(ג) די לוחות האחרונות באדייטן דעם ענין הגימ"ל – די עלי' וואס קומט דורך דער ירידה ושבירת הלוחות.

Las primeras tablas – sobre las cuales estaban grabadas los Diez Mandamientos (que comienzan con la letra *alef*), dictadas por Dios en la Entrega de la Torá – constituyen el principio y fundación de todo, incluyendo a toda la creación...

El descenso espiritual que sufrimos luego del pecado del Becerro de Oro – que desencadenó la ruptura de las tablas – hace alusión a la *bet*. La *bet* simboliza el descenso espiritual asociado a la creación de este mundo que permite la posibilidad del pecado y el rompimiento [de las tablas].

Las segundas tablas expresan la *guimel* – el ascenso espiritual que resultó del deterioro espiritual y el rompimiento de las primeras tablas.

Sefer Hasijot

Es una serie de 12 volúmenes de discursos del Rebe, que se dictaron entre los años 1986 y 1992. Durante este tiempo, el Rebe regularmente revisaba y editaba (partes de) sus discursos transcriptos, para luego poder publicarlos. El idioma varía entre el hebreo y el idish. Estos discursos eran publicados en dos periódicos semanales: el *Algemeiner Journal* (idish) y el *Kfar Jabad* (hebreo).

Texto 9b

El Rebe, ibid., p. 430

היות אז דער אל"ף מצד עצמו (הגילוי מלמעלה) איז ניט בערך
און נעמט ניט דורך די תחתונים (דער בי"ת פון "בראשית"),
איז אין דעם שייך דער ענין השבירה כו' . . .

מה שאין כן דורך די לוחות האחרונות, וועלכע קומען דורך
עבודת האדם (תשובה), און די לוחות עצמן זיינען מעשה ידי
משה – ווערט אויסגעפירט תכלית וכוונת הבריאה.

Al ser que la *alef* es una revelación desde arriba, está más allá de nosotros y no logra impregnar nuestra realidad (la *bet*). Por lo tanto, existe la posibilidad de que [la *alef*] se rompa…

Por otro lado, las segundas tablas –producto del esfuerzo humano (*teshuvá*), y que fueron formadas por Moshé [en contraposición a las primeras tablas, que habían sido formadas por Dios] —son el medio para la realización del verdadero plan divino.

Texto 10

El Rebe, *adaptación de Likutei Sijot* 9:63–66

El refinamiento final no resulta de una revelación desde arriba, ni proviene de una fuente de inspiración externa. Por lo contrario, resulta de llegar hasta el núcleo de cada uno, en donde la persona es un ser divino, y está unido al Creador. Dicho refinamiento no se impone desde afuera, sino que brota desde las profundidades del interior.

El que se arrepintió, debido a sus fracasos y transgresiones previas, está muy alejado de la consciencia e inspiración espiritual. Sus pecados han causado que se corten sus 'antenas espirituales' que perciben y responden a la divinidad. Por lo tanto, su *teshuvá* es la más pura expresión de su propio deseo de conectarse con Dios.

PREGUNTA PARA DEBATIR

¿Puedes recordar alguna decisión tonta que hayas tomado, que al final te llevó a sentirte más identificado con tus valores centrales?

La perspectiva correcta

Tiempo de celebrar

PREGUNTAS PARA DEBATIR

1. **Lo que hemos aprendido, ¿implica que debemos festejar nuestros fracasos y errores?**
2. **¿Acaso disminuye la gravedad de nuestros errores y evita que sintamos culpa y remordimiento?**

Texto 11

El Rebe, *Likutei Sijot* 9:241

דאס איז דער טעם פארוואס "יישר כחך ששברת" שטייט ערשט ביי דעם ציווי אויף די לוחות שניות . . . ווייל דאן דוקא ווערט נתגלה דער עילוי צו וועלכן אידן זיינען צוגעקומען דורך שבירת הלוחות.

El hecho de que Dios felicita a Moshé por haber roto las primeras tablas [es aludido] en la Torá, cuando le instruye a Moshé a formar las segundas...Ya que recién en este momento se manifiesta la ventaja que obtuvieron los judíos a través del rompimiento de las primeras tablas.

Texto 12

Mishná, Iomá 8:9

האומר, "אחטא ואשוב, אחטא ואשוב", אין מספיקין בידו לעשות תשובה.

El que dice: "pecaré y luego me arrepentiré; volveré a pecar y volveré a arrepentirme", no recibirá la oportunidad de hacer *teshuvá*.

Mishná

Es la primera obra de ley judía que fue codificada por escrito. La Mishná contiene la tradición oral que fue transmitida de maestros a alumnos; complementa, clarifica y sistematiza los mandamientos de la Torá. Debido a la continua persecución del pueblo judío, se tornó cada vez más difícil garantizar que dicha tradición oral no fuera olvidada. Por lo tanto, Rabí Iehuda Hanasi la redactó a fines del s.II.

Rompiendo el ciclo del fracaso

Texto 13

Talmud, *Kidushín* 20a

אמר רב הונא: כיון שעבר אדם עבירה ושנה בה הותרה לו.

"הותרה לו" סלקא דעתך?

אלא, נעשית לו כהיתר.

Dijo Rab. Huna : "Cuando una persona transgrede, y lo repite, se vuelve permitido para él."

[Pregunta el Talmud:] ¿Puede alguien creer verdaderamente, [que al que comete ofensas reiteradas] le está permitido [transgredir]?

Por lo contrario, [El Rab. Huna dice que] la ofensa se vuelve permitida en los ojos del que la comete.

PREGUNTA PARA DEBATIR

¿Por qué es aun más difícil tomar una decisión correcta en un área en la que uno fracasó reiteradamente en el pasado?

Texto 14

El Rebe, *Likutei Sijot* 5:66–67

אין וועלכן מצב א איד זאל זיך ניט געפינען, אפילו אין א מצב ירוד ופחות ביותר,
און אפילו ווען ער אליין האט דערפירט צו זיין דאזיקן ניט-גוטן מצב, דורך דעם
וואס ער האט בוחר געווען אין רע, און וויבאלד אז "הוא הפסיד את עצמו"
איז "ראוי לו לבכות ולקונן על חטאיו ועל מה שעשה לנפשו וגמלה רעה" –

איז אבער אל יתייאש אדם וחס ושלום צו טראכטן אז אבדה
תקותו – ווארום וויבאלד אז אויך דער געשאפענער צושטאנד
זיינער קומט דאך, מלבד זיין בחירה, מצד השגחה העליונה, פירט
עס אים דעריבער (דורך תשובה כו') צו אן עילוי נעלה ביותר.

Una persona no debe desesperarse jamás, Dios no lo quiera, sin importar su situación personal. Esto es cierto incluso para aquellos cuyo estado espiritual es bajísimo, incluso si la persona tomó decisiones irresponsables y por lo tanto es culpable de haber llegado a tal estado.

A pesar de que esta persona "debería aullar y lamentarse por sus transgresiones y por el mal que afectó su alma" (Maimónides, *Mishné Torá*, Leyes de la *Teshuvá* 5:2); nunca debe perder la esperanza de un futuro mejor. Debe darse cuenta de que su estado, a pesar de que fue consecuencia de su propio libre albedrío, es parte del plan divino. Debe de ser que por medio de la *teshuvá* podrá alcanzar nuevas alturas (más altas de lo que hubiera sido posible de otra manera).

Tiempo de aplicar

EJERCICIO DE APRENDIZAJE 3

Paso 1: **Vuelve a leer tus respuestas al EJERCICIO DE APRENDIZAJE 2a.**

Paso 2: **Tómate un momento para meditar acerca de la grandeza y bondad de Dios.**

Paso 3: **Contempla el hecho de que Dios nunca te permitiría fracasar a menos que existiera la posibilidad de crecer y beneficiarse con la experiencia.**

Paso 4: **a) ¿Cómo puede llevarte a ser una persona mejor un fracaso en el área de las relaciones interpersonales?**

____

____

____

____

¿De qué manera puedes aprovecharlo para beneficiar a terceros?

____

____

____

____

b) ¿Cómo puede llevarte a ser una persona mejor un fracaso en el área de tu relación con Dios?

____

____

____

¿De qué manera puedes aprovecharlo para beneficiar a terceros?

____

____

____

c) ¿Cómo puedes usar tu fracaso en cuanto al carácter o a una oportunidad perdida, para ser una persona mejor?

____

____

____

¿De qué manera puedes aprovecharlo para beneficiar a terceros?

____

____

____

Parte del plan final

Texto 15

El Rebe, *Sefer Hamaamarim Melukat* 1:371

על ידי . . . הפיכת הזדונות לזכיות (על ידי התשובה), מבררים
ומזככים גם ענינים הכי תחתונים ונעשים דירה לו יתברך.

Sefer Hama'amarim Melukat

De los muchos *maamarim* (discursos de los Rebes de Jabad, en los que se explora y analiza en profundidad la filosofía de jabad y el misticismo) del Rebe, cerca de 200 de ellos fueron revisados, editados y publicados por el Rebe. La mayoría fueron editados por él durante los años 1986-1992. El Rebe mismo eligió algunos y los distribuyó a las miles de personas que hacían fila para recibirlos.

Cuando transformamos las transgresiones intencionales en méritos a través de la *teshuvá,* estamos de hecho refinando y elevando los elementos más bajos de la Creación – y también ellos logran ser parte y estar incluidos en la 'morada divina' [en los mundos inferiores].

Puntos clave

1. La posibilidad de que existe el error humano y el fracaso fue incorporada deliberadamente por Dios en el manto de la Creación. Los acontecimientos y experiencias que nos permiten tomar decisiones imprudentes, están 'programados' por Dios.

2. Incluso si fracasamos, nunca estamos por fuera del benevolente plan maestro de Dios.

3. Dios nos permite equivocarnos y sufrir las consecuencias de los errores, solamente por el potencial que tienen de ayudarnos a alcanzar grandes alturas, que no sería posible de ninguna otra forma. Esta es esencialmente la raison d d'être (razón de ser) de nuestros fracasos.

4. No debe festejarse el fracaso, a menos que haya sido transformado a través de la *teshuvá*. Hasta ese momento, el fracaso no es bueno, y debería ocasionar remordimientos y dolor, no festejos.

5. Por otro lado, el saber que Dios permitió el fracaso con el propósito de llevarnos a un lugar mejor, evita que nos desesperemos, y nos faculta a romper el ciclo del fracaso y hacer *teshuvá*.

6. El pecado y el fracaso nos dan la ventaja de la *teshuvá* (arrepentimiento.)

7. Hacer *teshuvá* no sólo nos asegura el perdón de Dios, sino que redefine los eventos negativos del pasado, y los transforma en positivos.

8. Además, la *teshuvá* es una expresión de nuestro ser más verdadero. A través de la *teshuvá* revelamos nuestro vínculo más profundo con Dios, y reconocemos que estamos en completa sincronía con Él.

9. Las ventajas que pueden lograrse a través del fracaso y posterior *teshuvá* son necesarias para alcanzar los niveles finales más profundos de la *dirá batajtonim*.

Apéndice A

Rab. Yanki Tauber, *"El secreto mejor guardado del mundo,"* www.Chabad.org

Rab. Yanki Tauber
1965-

Erudito jasídico y autor. Nació en Brooklyn, NY, y es un autor mundialmente conocido que se especializa en adaptar las enseñanzas del Lubavitcher Rebe. Es el editor ejecutivo de Chabad.org, el sitio más grande de contenidos judíos, y ha escrito numerosos artículos y libros, incluyendo *Había una vez un jasid* y *Más allá de lo que está escrito en la Ley.*

Como todos sabemos, la vida es una serie de metidas de pata. Nunca, nunca lo hacemos bien desde el vamos. ¿Así se supone que debe ser? Obviamente, no. ¿Por qué no? Bueno, si algo es una metida de pata, un error, por definición es algo que *no* debería haber ocurrido. Pero dejemos de lado la semántica – hablemos usando nuestros presentimientos. Confío más en mi intuición que en cualquier silogismo. Bueno, cada vez que presiento que estoy en vías de cometer otro de mis errores, todas las células de mis tripas gritan: "¡Nooooo! ¡Esto no debería estar ocurriendo!

Y, sin embargo, si eliminamos de nuestras vidas todos los falsos comienzos, las equivocaciones, las oportunidades perdidas, las suposiciones ingenuas, los primeros intentos temblorosos, y las experiencias en las que aprendimos a los golpes....¿qué queda? Nada de lo que valga la pena escribir, y menos aún para lo qué vivir.

Ok, digamos que dejamos de lado a la intuición y los presentimientos y digamos que los errores *sí* deberían ocurrir, y que son parte del plan maestro divino para hacer que la vida valga la pena. Pero, de ser así, estamos nuevamente en el ámbito de una vida pre-programada, en la cual no vale la pena todo el esfuerzo. Además, ¿cómo puede ser que D-s quiera que mis errores ocurran, si la mayoría de ellos (sino todos) resultan de acciones que D-s me dijo específicamente que no quiere que ocurran?

Eso es lo curioso de las metidas de pata. Sin ellas, no hay nada. Sin embargo, lo único que podemos decir con certeza absoluta es que no deberían ocurrir. ¿Cómo puede ser que exista algo no debiera ocurrir, pero a la vez sí debiera ocurrir? D-s sabe, pero no nos lo va a contar.

CLASE 6

Abriendo nuestros ojos

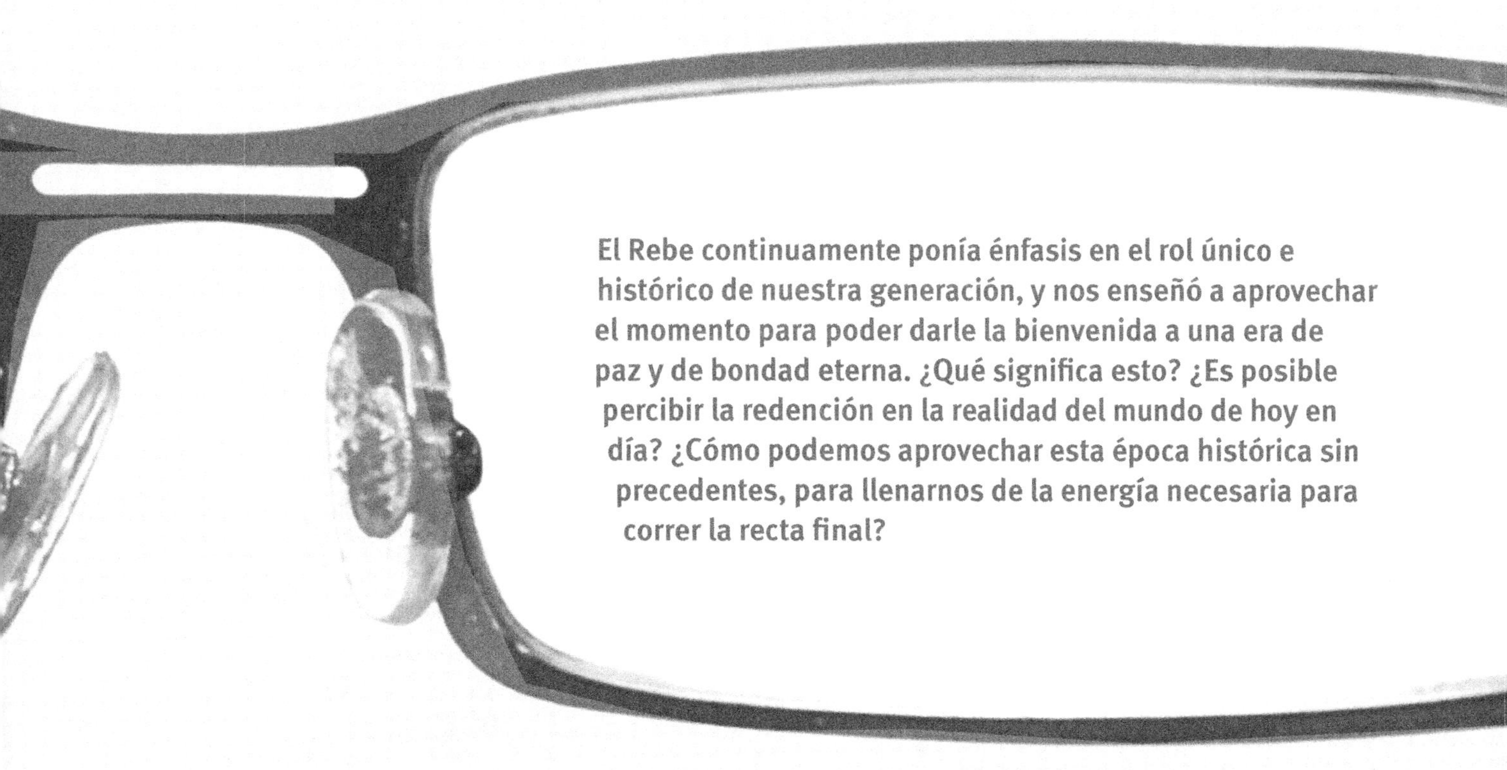

El Rebe continuamente ponía énfasis en el rol único e histórico de nuestra generación, y nos enseñó a aprovechar el momento para poder darle la bienvenida a una era de paz y de bondad eterna. ¿Qué significa esto? ¿Es posible percibir la redención en la realidad del mundo de hoy en día? ¿Cómo podemos aprovechar esta época histórica sin precedentes, para llenarnos de la energía necesaria para correr la recta final?

Enfócate en la redención

EJERCICIO DE APRENDIZAJE 1

¿Cuál es el motivo por el cual la ley judía ordena el lavado ritual de manos antes de comer pan?

A. Por higiene

B. Porque el agua es una metáfora de la Torá, a la que siempre debemos tener en cuenta.

C. Como símbolo de la necesidad de tener intenciones puras en el momento en que disfrutamos de los placeres mundanos.

D. Porque prevemos que la redención mesiánica llegará en cualquier momento.

E. A y C

Texto 1

El Rebe, *Igrot Kodesh* 12:414

רויצ ינוימדב םקרתהל ליחתה הזל םדוק דועו "רדח"ל יכלה םוימ
וזכ הלואג ,ןורחאהו ותולגמ לארשי םע תלואג – הדיתעה הלואג
.תודמשהו תוריזגה תולגה ירוסי םינבומ ויהי ידי לעש הזכ ןפואבו

Desde que era un niño que iba al *jeder* [escuela primaria], e incluso antes que eso, ya tenía en mi mente la imagen de la redención final del pueblo judío, una redención que finalmente nos permitirá entender el propósito del sufrimiento, los decretos duros, y las aniquilaciones que ocurrieron durante el exilio.

Igrot Kodesh

Selección de cartas escritas, en hebreo y en idish, por el Rebe. Se han publicado en 30 volúmenes desde el año 2014. Las cartas están publicadas en orden cronológico, comenzando en el año 1925 y finalizando en el 1975. Sólo fueron publicadas aquellas cartas relevantes al público, y toda la información personal fue eliminada. Las cartas cubren una gran variedad de temas: activismo comunitario, filosofía de Jabad, Talmud, ley judía, Kabalá, consejos prácticos, y mucho más. .

Texto 2

El Rebe, *Sefer Hamamarim Melukat* 1:5

והנה זה תובעים מכל אחד ואחת מאתנו . . . נמצאים אנחנו בעיקבתא
דמשיחא, בסיומא דעקבתא, והעבודה – לגמור המשכת השכינה,
ולא רק שכינה כי אם עיקר שכינה, ובתחתונים דוקא.

Estamos llegando al fin del último período del exilio. Se nos exige una tarea a cada uno de nosotros: completar el proceso de atraer la esencia de la Presencia Divina hacia el mundo más bajo.

Sefer Hamaamarim Melukat

De los muchos *maamarim* (discursos de los Rebes de Jabad, en los que se explora y analiza en profundidad la filosofía de jabad y el misticismo) del Rebe, cerca de 200 de ellos fueron revisados, editados y publicados por el Rebe. La mayoría fueron editados por él durante los años 1986-1992. El Rebe mismo eligió algunos y los distribuyó a las miles de personas que hacían fila para recibirlos.

PREGUNTA PARA DEBATIR

En tu opinión, ¿por qué a algunas personas les molesta el fuerte énfasis que hacen el Rebe y Jabad en Mashiaj y en la redención?

Texto 3

Maimónides, *Mishné Torá*, Leyes de los Reyes 11:1

המלך המשיח עתיד לעמוד ולהחזיר מלכות דוד ליושנה לממשלה הראשונה ובונה המקדש ומקבץ נדחי ישראל וחוזרין כל המשפטים בימיו כשהיו מקודם . . .

וכל מי שאינו מאמין בו או מי שאינו מחכה לביאתו לא בשאר נביאים בלבד הוא כופר אלא בתורה ובמשה רבינו.

Rabino Moshe ben Maimon
(Maimónides/Rambam)
1135–1204

Legislador, filósofo, autor, y médico. Maimónides nació en Córdoba, España. Luego de la conquista de Córdoba por parte de los almohades, huyó de España y eventualmente se estableció en El Cairo, Egipto. Allí, se convirtió en el líder de la comunidad judía, y se desempeñó como médico de la corte para el visir de Egipto. Es más conocido por ser el autor del *Mishné Torá*, un arreglo enciclopédico sobre ley judía; y por su labor en el campo de la filosofía, la *Guía de los perplejos*. Sus decisiones sobre ley judía son indispensables para llegar a un consenso halájico.

El Mashiaj aparecerá un día y renovará la dinastía davídica, devolviéndole su soberanía. Reconstruirá el Templo y reunirá a todos los dispersos del pueblo de Israel.

Cuando llegue ese momento, cumpliremos todas las *mitzvot* [relativas al Templo y a la Tierra Santa] como lo hacíamos en los días de antaño…

El que no cree en esta redención, o no espera su llegada, niega no sólo las declaraciones de los profetas [que hablaron de la redención], sino también las palabras de la Torá y de nuestro maestro Moshé.

Revelando la Alef

Una realidad soñada

FIGURA 6.1

גולה	גאולה
Exilio	Redención

Texto 4

El Rebe, *Sefer HaSijot* 5751, 2:505–506

גאולה איז ניט דער טייטש, אז דורך ארויסגיין פון גלות פארלאזט מען דעם לעבן, די פעולות און דער וועלט וואס איז געווען (פריער) אין גלות. אדרבה: גאולה הייסט, אז די מציאות וואס איז פריער געווען פארשקלאפט אין גלות ווערט (ניט בטל חס ושלום, נאר) **אויסגעלייזט** . . . אלע (חיוב'דיקע) זאכן אין גלות פארבלייבן אויך ווייטער, נאר עס ווערט בטל זייער גלות-צושטאנד: עס ווערט בטל דער העלם והסתר וואס פארדעקט אויף זייער אמת'ע און פנימיות'דיקע מציאות . . .

על פי זה איז פארשטאנדיק פארוואס דער ווארט "גאולה" איז **כולל** דעם ווארט "גולה", אבער – מיט א תוספת אל"ף: די גאולה איז ניט מבטל (די עבודה אין) גלות, אדרבה: די גאולה באשטייט פון אויפהויבן (דעם לעבן אין) "גולה" (דורך אויסלייזן אלע ענינים פון גלות) און דערפון גופא מאכן "גאולה" – דורך דעם וואס מ'איז מגלה אין אלע ענינים פון "גולה" דעם אל"ף פון אלופו של עולם – מ'נעמט אראפ דעם העלם והסתר אין די עניני גלות וועלכע פארדעקט אויף איר אמת'ע מציאות און תכלית, מ'איז מגלה דעם אלופו של עולם שבזה – די תכלית פון אלע עניני גלות צוליב וועלכער דער אויבערשטער האט זיי באשאפן – אזוי אז פון "גולה" ווערט "גאולה".

Sefer Hasijot
Es una serie de 12 volúmenes de discursos del Rebe, que se dictaron entre los años 1986 y 1992. Durante este tiempo, el Rebe regularmente revisaba y editaba (partes de) sus discursos transcriptos, para luego poder publicarlos. El idioma varía entre el hebreo y el idish. Estos discursos eran publicados en dos periódicos semanales: el *Algemeiner Journal* (idish) y el *Kfar Jabad* (hebreo)..

La redención no implica dejar nuestro estado actual – nuestras vidas, nuestras rutinas, y nuestro mundo. Por el contrario, la definición de redención es que la misma entidad que previamente estaba en un estado de exilo, no se nulifica, Dios no lo quiera, sino que se redime… Todos los elementos positivos de nuestra realidad actual se mantendrán intactos; lo único que se eliminará será su condición de exilio. No se ocultará más la verdadera naturaleza de cada entidad… Esto explica por qué la *palabra* gueulá (redención) incluye a la palabra *golá* (exilio), y tiene además la letra *alef*. La redención no acabará con el exilio y los esfuerzos que pusimos allí. Por el contrario, la característica de la redención es que elevará y redimirá a todo el estado de exilio y lo transformará en redención. Esto se logrará con la remoción de todos los ocultamientos del exilio, todo lo que tapa la verdadera naturaleza y propósito de cada cosa, y revelando la *alef* que hay en todo, que hace alusión al Amo (*aluf*) del Mundo. Cuando revelamos al Maestro del Mundo en todas las cosas – es decir, el propósito por el cual fue creado – entonces la redención emerge del exilio mismo.

Texto 5a

Salmos 126:1

שִׁיר הַמַּעֲלוֹת, בְּשׁוּב ה׳ אֶת שִׁיבַת צִיּוֹן הָיִינוּ כְּחֹלְמִים.

Cántico de las ascensiones:

Cuando Dios regrese a los exiliados a Sion, [nos daremos cuenta de que] fuimos como soñadores.

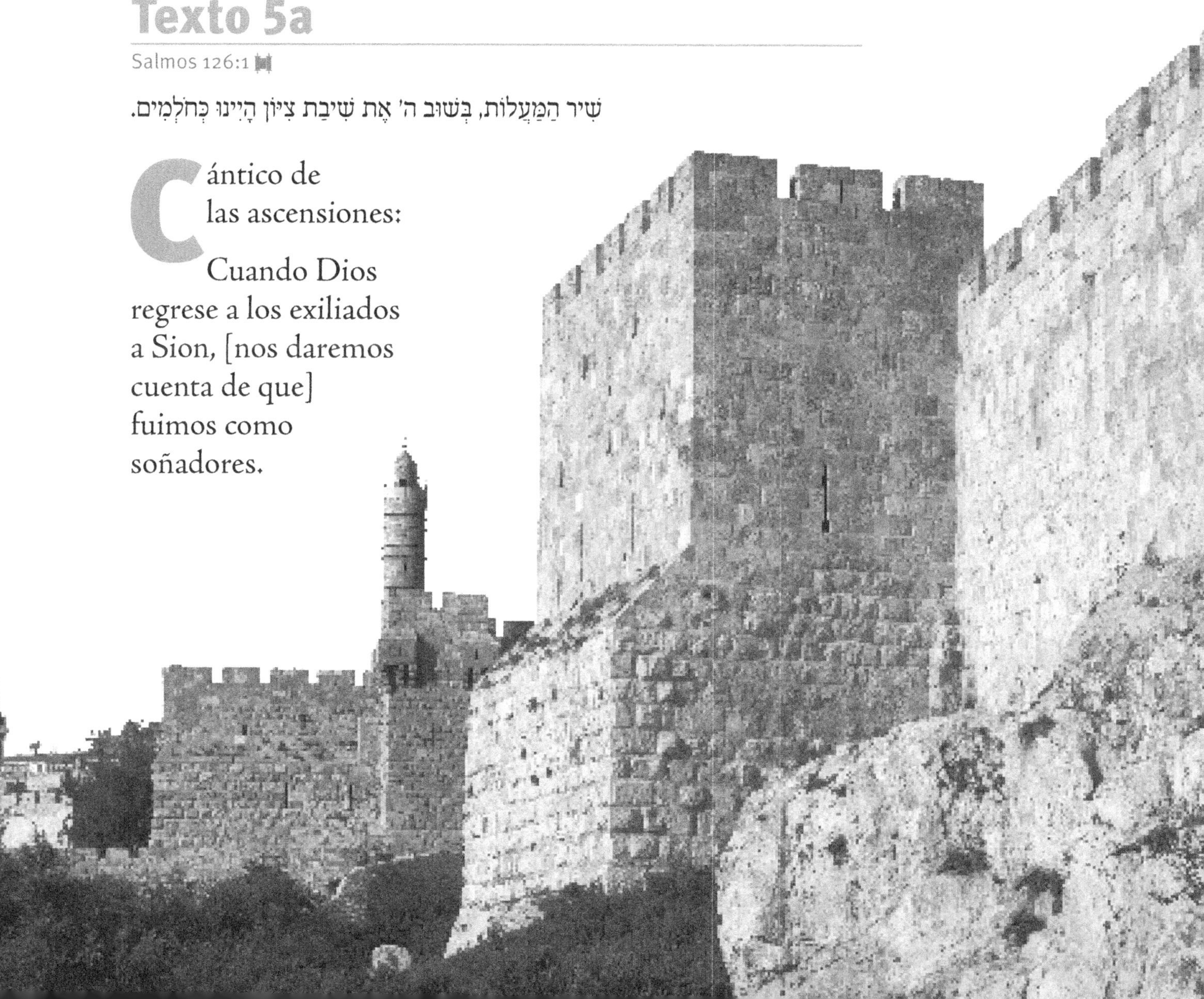

Texto 5b

El Rebe, *Torat Menajem* 5744, 4:2210–2211

ישנם כאלו שמתעוררת אצלם תמיהה ופליאה (אף שמטעמים מובנים אינם מעלים תמיהה זו על דל שפתם): היתכן, מהרהרים הם, שיושב לו יהודי לדבר ברבים, ובכל התוועדות והתוועדות מכריז ללא הרף ואינו מפסיק לדבר אודות נושא אחד – ביאת משיח צדקנו? ... וכמו כן אומרים בכל פעם שינגנו "שיבנה בית המקדש במהרה בימינו", ומדגישים שאין הכוונה "במהרה בימינו" מחר, אלא היום ממש!

בודאי מאמין כל יהודי שמשיח צדקנו יכול לבוא בכל רגע – "אחכה לו בכל יום שיבוא", אבל אף על פי כן, מהרהרים הם, מהי פשר ההנהגה לדבר ללא הרף על ענין זה, ולהדגיש בכל פעם שברגע זה ממש יכול לבוא משיח צדקנו – דבר שקשה לפעול ברגש של האדם שיתייחס לכך כאל דבר מציאותי! בשלמא כאשר מזכירים פעם אודות ביאת משיח צדקנו – נו, סוף כל סוף הרי זה מעיקרי האמונה. אבל מהו פשר הדיבור והלהט בענין זה ללא הרף, בכל התוועדות והתוועדות, כאילו היו רוצים להכניס את הדבר בראשם של השומעים בכח? ... אלא מאי, מסיקים הם, ענין זה הוא בגדר של "חלום", חלום טוב ויפה ... אבל לא דבר מציאותי. ואם כן, טוענים הם, לשם מה צריכים לדבר אודות עניני "חלומות"? ...

אמנם, לאמיתו של דבר – ההיפך הוא הנכון: ... ה"חלום" הוא – לא הדיבור על הגאולה, אלא אדרבה: מציאות הגלות היא "חלום", שכן, מה ליהודי ולענין של גלות?! ואילו הגאולה היא – בהקיץ, זוהי מציאותו האמיתית של יהודי!

Torat Menajem

Una traducción al hebreo de la transcripción de los discursos del Rebe. Esta obra también es exhaustivamente complementada con referencias cruzadas y notas al pie. Más de 90 volúmenes han aparecido en esta serie desde el año 2014, abarcando los períodos 1950–1968 y 1982–1992. El Rebe no editó ni revisó la precisión de estas publicaciones.

Hay quienes les cuesta creer (aunque, por razones obvias, no lo dicen en voz alta) el hecho de que hay un cierto judío, que tiene un gran público, que en toda ocasión y reunión habla sobre cierto tema sin parar: la llegada del Mashiaj…

Es más, en estos encuentros, él le solicita al público cantar “Que el Templo sea construido rápidamente, en nuestros días", haciendo hincapié que el "en nuestros días" no es mañana, ¡sino *hoy*!

Efectivamente, todo judío cree que la redención podría ocurrir en cualquier momento. No obstante, se preguntan: ¿es realmente necesario hablar incesantemente acerca de esta cuestión, y destacar el hecho de que el Mashiaj podría llegar en este mismo instante? ¡Es difícil sentir la redención como una realidad concreta! Si sólo mencionáramos la redención de vez en cuando, *nu*, ¿qué nos pueden decir? Después de todo, es uno de los principios de nuestra fe. Pero hablar del tema de forma apasionada y sin cesar en absolutamente todas las reuniones es aparentemente excesivo; ¡pareciera como que es su deseo es imponerle el tema a los oyentes! ...La redención es un sueño para estas personas; un sueño bueno y hermoso, pero que no es real. Y por lo tanto, ellos argumentan que si es así, ¿para qué hablar de fantasías?

Sin embargo, en realidad es al revés. Hablar sobre la redención no es un sueño; sino por lo contrario, *el exilio es un sueño*. El exilio es un estado de somnolencia innatural. ¡La redención es nuestra verdadera realidad, cuando estamos "despiertos"!

Tiempo de aplicar

Texto 6

Maimónides, *Mishné Torá*, Leyes del arrepentimiento 3:4

צריך כל אדם שיראה עצמו כל השנה כולה כאילו חציו זכאי וחציו חייב,
וכן כל העולם חציו זכאי וחציו חייב . . . עשה מצוה אחת הרי הכריע את
עצמו ואת כל העולם כולו לכף זכות וגרם לו ולהם תשועה והצלה.

Toda persona debe verse a sí misma en situación de equilibrio entre sus méritos y sus defectos, y también ver al mundo como igualmente equilibrado entre méritos y defectos... Por lo tanto, el que cumple con tan sólo con una mitzvá, inclina la balanza – la suya y la del mundo entero- y causa la redención y salvación personal y global.

FIGURA 6.2

Las Siete Leyes Noájicas

1. Reconocer que hay un solo Dios.	5. Respetar las propiedades de los demás
2. Respetar al Creador.	6. No ocasionar sufrimientos innecesarios a los animales
3. No asesinar	7. Mantener un sistema judicial para asegurar el cumplimiento de estas leyes.
4. No cometer actos sexuales ilícitos (como por ejemplo incesto y adulterio)	

Un mundo de diferencia

Texto 7

Midrash, *Shemot Rabá* 12:3

משל למה הדבר דומה, למלך שגזר ואמר: "בני רומי
לא ירדו לסוריא, ובני סוריא לא יעלו לרומי".

כך, כשברא הקדוש ברוך הוא את העולם גזר ואמר, "השמים
שמים לה', והארץ נתן לבני אדם" (תהלים קטו,טז).

כשבקש ליתן התורה בטל גזירה ראשונה ואמר, "התחתונים
יעלו לעליונים, והעליונים ירדו לתחתונים.

Una parábola dice lo siguiente: "Los romanos no podrán bajar a Siria, y los sirios no podrán subir a Roma."

De la misma manera, cuando Dios creó el mundo, Él decretó: "Los cielos son el dominio de Dios, y la Tierra se la ha dado a los hijos de Adán." (Salmos, 115:16).

Pero cuando Dios quiso entregar la Torá, anuló el decreto original, y dijo: "Aquellos que están abajo pueden subir, y los que están arriba pueden bajar."

Shemot Rabá

Uno de los primeros comentarios rabínicos sobre el libro del Éxodo. El término 'Midrash' se deriva de la raíz *d-r-sh*, que quiere decir 'buscar', 'examinar', e 'investigar'. Este Midrash, escrito principalmente en hebreo, provee exégesis textuales, se explaya sobre la narración bíblica, y desarrolla e ilustra los principios morales. Fue impreso por primera vez en el año 1512 en Constantinopla, junto con otras cuatro obras del Midrash acerca de los otros libros del Pentateuco.

Texto 8

Zohar (*Raaiá Mehemná*) III, 124b

Zohar

Es la obra más influyente de la Kabalá, el misticismo judío. El Zohar es un comentario místico sobre la Torá, y fue escrito tanto en arameo como en hebreo. De acuerdo al Arizal, el Zohar contiene las enseñanzas de Rabí Shimon Bar Iojai, quien vivió en Israel durante el s.II. El Zohar se ha convertido en uno de los textos indispensables del judaísmo tradicional, junto con y casi a la altura de la Mishná y el Talmud.

ובגין דעתידין ישראל למטעם מאילנא דחיי, דאיהו האי ספר הזהר, יפקון ביה מן גלותא ברחמי.

Al ser que en el futuro Israel probará el gusto del Árbol de la Vida, que es éste, el Libro del Esplendor, el *Zohar,* con compasión será redimido del exilio.

Texto 9

El Rebe, *Sefer HaSijot* 5752, 1:151–152

איצטער האלט מען שוין בא דעם מצב אז דער גוף הגשמי און אפילו גשמיות העולם איז שוין אינגאנצן נתברר ונזדכך געווארן, און איז א "כלי" מוכן אויף אלע אורות ועניינים רוחניים, כולל ובעיקר – אורו של משיח צדקנו, אור הגאולה האמיתית והשלימה . . .

די איינציקע זאך וואס פעלט איז – אז א איד זאל אויפעפענען זיינע אויגן כדבעי, וועט ער זען ווי אלץ איז שוין גרייט צו דער גאולה!

Ya hemos llegado al punto en el que el cuerpo físico, e incluso la materialidad del mundo, están completamente purificados y refinados, listos para asimilar todo tipo de materias espirituales, incluyendo especialmente la luz del Mashiaj, la luz de la redención completa y verdadera…

Lo único que resta para que hagamos es abrir nuestros ojos correctamente, ¡y podremos ver cómo está todo listo para la redención!

EJERCICIO DE APRENDIZAJE 2

Hoy en día el mundo es un lugar más bueno y gentil que hace un par de décadas, reflejando mejor su esencia hermosa, y más coherente con (su 'plano'), los valores de la Torá.

☐ Verdadero

☐ Falso

☐ Es complicado, porque. . .

Texto 10

El Rebe, *Sefer HaSijot* 5750, 1:159–160

ישנם התמהים על המדובר בתקופה האחרונה שעומדים אנו בסוף זמן הגלות, עקבתא דמשיחא, ושואלים: היכן רואים זאת? הרי עולם כמנהגו מידי שנה בשנה **כרגיל** נוהג? – ולפלא הכי גדול שאינם מתבוננים בהמאורעות שמתרחשים בעולם, מאורעות הגלויים ומפורסמים!

בתקופה האחרונה (החל משנים הכי אחרונות, ומוסיף והולך מזמן לזמן) מתרחשים ברחבי העולם **מהפיכות קיצוניות**, מן הקצה אל הקצה, ובחסדי ה', מתרחשים מהפיכות אלה **בשקט**, כלומר, ללא מלחמות ושפיכות-דמים, רחמנא ליצלן, עד כדי כך, שחיי היום-יום (בעניני המסחר וכיוצא בזה) ממשיכים להתנהל על דרך הרגיל, כאילו עולם כמנהגו נוהג, למרות שמתרחשת מהפיכה קיצונית בהנהגת המדינה כולה, אלא שהיא מהפיכה **פנימית**, בדרכי פוליטיקא מדינית:

לכל לראש ומתחיל ממדינת רוסיא (המדינה שממנה בא כ"ק מו"ח אדמו"ר נשיא דורנו יחד עם תלמידיו ושלוחיו), אשה, לאחרי תקופה של שבעים שנות

משטר **תקיף ואימתני** שהפיל חיתתו על כל תושבי המדינה, עד שאפילו עבור התבטאות של ביקורת על המשטר היו עונשים להשלח לארץ גזירה (סיביר וכיוצא בזה) – נעשה לפתע, בפרק זמן קצר ביותר, **שינוי קיצוני** (על ידי העומדים בראש הנהגת המדינה) במשטר המדינה, ומתפשט גם בשאר מדינות דוגמתן.

ועל דרך זה במדינת סין – שבתקופה האחרונה מתרחשת מהפיכה בהנהגת המדינה בפנים וגם בנוגע לקשר ויחס עם שאר מדינות העולם, וכיוצא בזה, וכן במדינת הודו – שבפרק זמן קצר יחסית הוחלפו ראשי השלטון ששלט במשך תקופה ארוכה, ועל דרך זה מהפיכות קיצוניות בעוד כמה מדינות ברחבי העולם . . .

והמדובר אודות מהפיכות במדינות כאלו שיש בהם **ריבוי עצום** של בני-אדם, כלומר, מהפיכות בממשלות ומשטרים שמנהיגים **בליוני אנשים בכל רחבי העולם**, ועד לרוב האנשים שבכל העולם!

וה"נס" שבדבר – ולפלא הכי גדול שלא שמים לב לכל זה, "אין בעל הנס מכיר בנסו" – **שמהפכות קיצוניות**, שיש להם השפעה ישירה על רוב העולם, מתרחשות **בשקט ובמנוחה**, דבר שאין לו אח ורע בתולדות האנושיות כולה:

מהפיכות במשטר ושלטון של מדינות היו מלווים תמיד במלחמות עקובות דם שהתנהלו במשך תקופה ארוכה, שיבשו את מהלך החיים, הביאו הרס וחורבן רחמנא ליצלן. ואין צורך להרחיק לכת ולחפש בדברי ימי העולם בדורות שלפני זה, כיון שראינו בדורנו זה את החורבן הנורא במלחמת העולם השני', לא תקום פעמיים צרה.

ואילו בימינו אלה, מתרחשים מהפכות קיצוניות **גדולות יותר**, ברוב העולם, **ובחסדי ה'**, הרי זה ללא מלחמות, ללא שפיכות דמים, חס ושלום, אלא מתוך **שקט ומנוחה**.

Hay quienes se sorprenden por las recientes declaraciones de que estamos ya en el fin del exilio, parados en el umbral de la redención. Ellos preguntan lo siguiente: "¿Dónde vemos esto? Después de todo, la vida sigue igual, año tras año." Sin embargo, la verdad es que, sorprendentemente, esta gente no contempla los conocidos eventos de la actualidad.

Recientemente, alrededor del mundo han estado ocurriendo transformaciones extremas y radicales. Gracias a la bondad de Dios, estas sacudidas están ocurriendo de manera silenciosa; es decir, sin guerras ni derramamiento de sangre, Dios no lo quiera, sino por medio de la diplomacia. Estos cambios son tan silenciosos y pacíficos que la vida cotidiana y las rutinas (por ejemplo comerciales) no se ven afectadas, a pesar de las transformaciones extremas que ocurren alrededor del país.

Esto comenzó en Rusia, el país del cual emigró mi suegro, el Rebe, junto con sus alumnos y emisarios. Durante setenta años, un poderoso y temible régimen atemorizó a todos los habitantes del país, al punto tal que aquel que emitía la más mínima crítica al régimen era exiliado a Siberia o a lugares similares. De pronto, en un período muy corto, ocurrió un cambio radical en el gobierno del país (llevado a cabo por sus líderes políticos), y este cambio se esparció a otros países del bloque soviético.

Similarmente, en el último tiempo han ocurrido en China transformaciones internas en la forma de gobernar el país, y también en su relación con el resto de los países del mundo. En India, en un período relativamente corto, el gobierno que había estado en el poder una cantidad importante de tiempo, fue rechazado y reemplazado por uno nuevo. En varios países alrededor del mundo ocurrieron transiciones extremas similares... Estamos hablando de países que cuentan con poblaciones enormes, gobiernos y regímenes que gobiernan sobre *billones de personas alrededor del mundo* – ¡la mayor parte de la población mundial!

Es asombroso cómo la gente no le da importancia ni presta atención; ¡incluso los beneficiarios de los milagros no lo reconocen! El milagro de todo esto es que estas transformaciones extremas, que influyen sobre la mayoría del mundo, están ocurriendo de manera silenciosa y tranquila, hecho sin precedentes durante toda la historia humana.

Históricamente, los cambios de regímenes siempre han sido acompañados por largas y sangrientas guerras, que causaban destrucción y ruinas, Dios nos guarde. No hay necesidad alguna de adentrarse en la historia de las generaciones previas, ya que en nuestra propia generación presenciamos las horribles ruinas que dejó la Segunda Guerra Mundial (que dichos conflictos no vuelvan a ocurrir jamás.)

Sin embargo, ahora están aconteciendo transformaciones *aun más grandes* en la mayor parte del mundo. Estas no ocurren con guerras o derramamiento de sangre, Dios no lo quiera, sino que son silenciosas y tranquilas, gracias a la bondad de Dios.

Texto 11a

Isaías 2:4

וְכִתְּתוּ חַרְבוֹתָם לְאִתִּים, וַחֲנִיתוֹתֵיהֶם לְמַזְמֵרוֹת.

לֹא יִשָּׂא גוֹי אֶל גּוֹי חֶרֶב, וְלֹא יִלְמְדוּ עוֹד מִלְחָמָה.

Las naciones convertirán sus espadas en arados y sus lanzas en hoces; no alzará una nación la espada contra otra nación, ni se prepararán más para la guerra.

Isaiah Wall, Ralph Bunche Park, cerca de la sede de la ONU, Ciudad de Nueva York

Texto 11b

El Rebe, *Sefer HaSijot* 5752, 2:368

"וכתתו חרבותם לאתים" הוא ענין המובן ומחוייב גם **בשכל האדם** ("משפטים"), שהרי, שכל אנושי מחייב קיומו של העולם על פי צדק ויושר, על ידי שלילת מלחמה שמביאה הרס וחורבן, רחמנא ליצלן, ועד שיביא לשבירת כלי המלחמה ("וכתתו חרבותם") והפיכתם לכלים שמביאים תועלת לישובו של עולם ("אתים").

ואף על פי כן, במשך כל הדורות התנהלו ריבוי מלחמות בין אומות העילם שגרמו הרס וחורבן בעולם – **בניגוד** להמתחייב בשכל האנושי!

ועל כרחך צריך לומר, שהסיבה **האמיתית** לכך שבתקופה האחרונה ניכרת השאיפה לגמר ולסיום תקופת המלחמות בעולם, והתחלת תקופה חדשה של קיום העולם על פי צדק ויושר, שלום ואחדות . . . [היא] מפני שמתקרבים להזמן שאודותיו הכריזה התורה ("מסיני") "וכתתו חרבותם לאתים".

La mente humana comprende el beneficio de convertir las espadas en arados. De hecho, la lógica humana *demanda* dicho comportamiento, ya que comprende que el mundo debe ser conducido de una forma justa y recta, y rechaza absolutamente la idea de la guerra, que ocasiona ruinas y destrucción, que Dios nos guarde. La lógica también indica la necesidad de destruir las armas de guerra ("convertir las espadas") y transformarlas en instrumentos benéficos para la sociedad ("arados").

A pesar de esto, generación tras generación, se han peleado muchas guerras entre las naciones, guerras que trajeron al mundo ruinas y destrucción – ¡desafiando la lógica simple! Por lo tanto, debemos concluir que la verdadera razón por el cual durante el reciente período hemos presenciado un anhelo multinacional para que termine la era de la guerra y comience una nueva era en la cual el mundo se mantiene a través de la justicia y la rectitud, la paz y la unidad... es porque nos estamos aproximando al tiempo respecto del cual la Torá afirmó: "Y convertirán sus espadas en arados."

Texto 12

El Rebe, *Sefer HaSijot* 5751, 2:661

ווי מ'זעט עס במיוחד בדורות האחרונים, וואס דער אויבערשטער האט געבענטשט אידן אז זיי זאלן באקומען זייער פרנסה מיט ווייניקער יגיעה, מתוך מנוחת הנפש ומנוחת הגוף (מער ווי ס'איז געווען בדורות לפני זה), דורך דעם וואס די וועלט אליין איז מסייע לזה.

Durante estas generaciones en particular, podemos ver que Dios nos bendijo para poder obtener nuestro sustento con un menor esfuerzo, con la tranquilidad de nuestro cuerpo y nuestro alma, mucho más que en las generaciones anteriores. El mundo en sí mismo facilita esta nueva tranquilidad.

Texto 13

El Rebe, *Sefer HaSijot* 5751, 2:692–693

למרות ה"שטורעם" שבדבר בתקופה האחרונה . . . רואים שישנו קושי ("עס קומט אן שווער") להחדיר ההכרה וההרגשה שעומדים על סף ימות המשיח ממש עד שיתחילו "לחיות" בעניני משיח וגאולה . . .

והעצה לזה – על **ידי לימוד התורה** בעניני משיח וגאולה, כי, בכח התורה (חכמתו של הקדוש ברוך הוא שלמעלה מהעולם) **לשנות** טבע האדם, שגם כאשר מצד הרגש שלו נמצא עדיין חס ושלום **מחוץ** לענין הגאולה (כיון שלא יצא עדיין מהגלות הפנימי), הרי על ידי לימוד התורה בעניני הגאולה מתעלה למעמד ומצב של גאולה, ומתחיל לחיות בעניני הגאולה, מתוך ידיעה והכרה והרגשה ש"הנה זה בא".

Durante el último tiempo, a pesar del ruido y de la emoción causados por la redención… aparentemente es difícil inspirar dentro nuestro el reconocimiento y sentimiento de que realmente estamos parados en el umbral de la redención. Es difícil llegar al punto tal de poder "vivir" con Mashiaj y con la redención…

Por lo tanto, mi consejo es estudiar los temas en cuestión, ya que dentro nuestro está el poder de la Torá – la sabiduría divina que trasciende el mundo – de cambiar la naturaleza humana. Incluso si sentimos que estamos, Dios no lo quiera, fuera del reino de la redención (por no haber dejado nuestro exilio interno todavía), al estudiar lo que la Torá dice al respecto, nos elevaremos a un estado de redención. Comenzaremos a vivir con estas ideas; sabiendo, reconociendo y sintiendo que la redención es inminente.

Entregando la batuta

Texto 14

El Rebe, *Sefer Hamaamarim Melukat* 6:134

שגם כשישראל נמצאים במצב של הרחבה, הרחבה בגשמיות וגם הרחבה ברוחניות, אלא שהם נמצאים בגלות . . . הם שבורים ונדכאים (כתית) מזה שהם בגלות, ועל ידי הכתית דישראל מזה שנמצאים בגלות, מגיעים להמאור.

Incluso cuando gozamos una vida de plenitud y abundancia, tanto en asuntos espirituales como materiales... nos encontramos destrozados y aplastados por nuestro estado de exilio. Y así llegamos a la verdadera iluminación.

Texto 15

Simeon Bennett y Laura Marcinek, "Bill Gates dice que no van a quedar países pobres para el año 2035" *Bloomberg News*, 21 de enero, 2014

Bill Gates, el hombre más rico del mundo, dijo que para el año 2035 ninguna nación será tan pobre como cualquiera de las 35 que el Banco Mundial hoy clasifica como de nación de bajos ingresos, incluso con los ajustes por inflación...

"Los hechos están del lado de los optimistas" dijo hoy Gates (58), en una entrevista con Betty Liu de Bloomberg Television. "En realidad, es peligroso que la gente se enfoque en las malas noticias y no vea el progreso que hemos logrado. Significa que no prestan atención a las mejores costumbres, hace que sean menos generosos."

Según dijo Gates en la carta, para el año 2035 la mayoría de los país serán clasificados como de 'ingresos medio-bajos', o ricos. Dijo que aprenderán de sus vecinos más productivos, y se verán beneficiados por innovaciones tales como nuevas vacunas, semillas de mejor calidad, y la revolución digital. Gates escribe que "la creencia de que el mundo está empeorando, de que no podemos solucionar ni la pobreza extrema ni las enfermedades, no es solamente un error. Es un concepto perjudicial."...

De acuerdo a casi todos los criterios, el mundo hoy está en mejores condiciones que nunca. En dos décadas estará en un estado aun mejor"...

"Los titulares están formulados de forma engañosa; las malas noticias son un titular, mientras que una mejora gradual no lo es" dijo Bill Gates en la entrevista.

Texto 16

Maimónides, *Mishné Torá*, Leyes de los Reyes 12:5

ובאותו הזמן לא יהיה שם לא רעב ולא מלחמה, ולא קנאה ותחרות,
שהטובה תהיה מושפעת הרבה וכל המעדנים מצויין כעפר. ולא
יהיה עסק כל העולם אלא לדעת את ה' בלבד . . . שנאמר (ישעיהו
יא,ט), "כי מלאה הארץ דעה את ה' כמים לים מכסים".

Durante la era mesiánica no habrá ni hambruna ni guerra, ni envidia ni competencia, ya que todo lo que es bueno fluirá abundantemente, y todos los deleites estarán tan disponibles como el polvo. El único propósito para la ocupación del mundo entero será conocer a Dios... como está escrito, "El mundo se llenará del conocimiento de Dios así como las aguas cubren el lecho oceánico." (Isaías 11:9).

Texto 17

El Rebe, *Torat Menajem* 5744, 4:2212

הן אמת שברגע זה נמצאים עדיין בחשכת הגלות ממש, אבל אף על פי
כן, מכיון שכללות ענין הגלות הוא "חלום" שענינו חיבור הפכים – הרי
ברגע אחד יכול המצב להתהפך מל הקצה אל הקצה, היינו, שיוצאים
מ"חלום" הגלות ובאים למציאות האמיתית – גאולה בפועל ממש!

Si bien es cierto que en este momento aún estamos en la oscuridad del exilio, al ser que el exilio es un sueño, en tan solo un instante la situación puede cambiar y revertirse totalmente. Es decir, podemos despertar de este sueño de exilio e ingresar inmediatamente a la verdadera realidad – ¡la redención!

Puntos clave

1. Para el pensamiento y tradición judía es fundamental creer en y anticipar la llegada de una redención final, una era de paz y bondad duradera.

2. La redención es una era en la que se revelará a simple vista la esencia hermosa y divina que hay en todo (la "alef"). La redención es la realidad verdadera y final, en contraposición con nuestro actual estado de ensueño.

3. Considerando que el tema central de las enseñanzas del Rebe es la importancia de enfocarse en la esencia prístina de toda entidad – el mundo, el ser humano, entre otros – no es sorprendente que el principal objetivo del Rebe, su visión de toda la vida, era apurar la redención, el día en que finalmente la esencia estará plenamente revelada.

4. Traducimos nuestro anhelo por la redención en acciones concretas, aumentando en obras de bondad, y estudiando en la Torá el tema de la redención.

5. Muchas señales apuntan al rol histórico de nuestra generación, y al hecho de que estamos al borde de la redención; depende de nosotros aprovechar el momento y hacerlo realidad.

6. El Rebe insistía en que el mundo en sí mismo ya está preparado para la redención, y nos instaba a "abrir nuestros ojos" a dicha realidad. El Rebe identificaba a los fenómenos actuales, como ser la caída de la Cortina de Hierro, el desarme nuclear, y el desarrollo de tecnologías de avanzada, como "señales de redención" e indicadores de que el mundo está listo para la era mesiánica.

Apéndice A

Talmud, *Shabat* 31a

בשעה שמכניסין אדם לדין אומרים לו:

נשאת ונתת באמונה?

קבעת עתים לתורה?

עסקת בפריה ורביה?

צפית לישועה?

En el momento en que un alma es llevada a su juicio [final], le preguntan:

¿Has realizado tus transacciones comerciales de buena fe?

¿Has fijado tiempos para estudiar Torá?

¿Has procurado tener hijos?

¿Has esperado la redención con ansias?

Talmud de Babilonia

Una obra literaria de proporciones monumentales que abarca las tradiciones legales, espirituales, intelectuales, éticas e históricas del judaísmo. Los 37 tratados del Talmud contienen las enseñanzas de los sabios judíos del período comprendido entre la destrucción del 2ndo Templo hasta el siglo V de nuestra era. Ha servido como el vehículo primario de trasmisión de la ley oral y la educación de los judíos a través de los siglos; es la puerta de entrada para todo el pensamiento judío legal, ético, y teológico.

Apéndice B

El Rebe, *Sefer HaSijot* 5752, 1:192

המצוה שיש לה סגולה מיוחדת לקרב את הגאולה, היא מצות הצדקה – "גדולה צדקה שמקרבת את הגאולה" (בבא בתרא יו"ד,א). ומזה מובן שיש להוסיף עוד יותר במצות הצדקה, ומה טוב שההוספה בצדקה תהי' תיכף ומיד, כדי שגם הגאולה (שבאה על ידי מצות הצדקה) תבוא תיכף ומיד.

ובפרט שכיון "שאין גו' אתנו יודע עד מה" (תהלים עד,ט), הרי יתכן שהדבר היחיד שחסר להבאת הגאולה אינו אלא נתינת מטבעות אחדות לצדקה!

La *tzedaká* (caridad) es una mitzvá que tiene un poder único para apresurar la redención – "Grande es la *tzedaká*, ya que apresura la redención" (Talmud, Bava Batra 10a). Por lo tanto, debemos aumentar nuestras donaciones; y debemos hacerlo de forma inmediata, así la redención (que resulta de la *mitzvá* de *tzedaká*), también podrá llegar inmediatamente.

Particularmente, como "Nadie de nosotros sabe exactamente qué se necesita para traer la redención", (Salmos 74:9), es posible que lo único que falte es dar algunas monedas en *tzedaká*.

Apéndice C

Talmud, Iomá 9b

מקדש ראשון מפני מה חרב? מפני שלשה דברים שהיו
בו: עבודה זרה, וגלוי עריות, ושפיכות דמים . . .

אבל מקדש שני, שהיו עוסקין בתורה, ובמצות, וגמילות
חסדים, מפני מה חרב? מפני שהיתה בו שנאת חנם.

¿Por qué fue destruído el Primer Templo? Por tres cosas: idolatría, inmoralidad sexual, y derramamiento de sangre…

Sin embargo, durante la época del Segundo Templo, había estudio de Torá, se observaban las *mitzvot*, y se realizaban actos de bondad. Entonces, ¿por qué fue destruido? Por el odio gratuito.

Apéndice D

Torat Menajem 5747, 2:626

בנוגע לדיבור בענין שבע מצוות בני נח: מכיון שעומדים בזמן
קרוב לגאולה, לאחר ש"כלו כל הקיצין", מובן שעתה הוא הזמן
המתאים ביותר להכין את העולם כולו להיות ראוי לגאולה.

Hablamos acerca de [influenciar a las naciones del mundo para que cumplan] las Siete Leyes Noájicas porque estamos en la era cerca a la llegada de la redención; efectivamente, debía llegar hace tiempo. Por lo tanto, ahora es el momento apropiado para preparar al mundo entero para que éste sea digno de la redención.

AGRADECIMIENTOS

El Zohar declara que cuando un *tzadik* fallece, éste está presente en todos los mundos aún más que durante su vida. Esto quiere decir que está más presente incluso en este mundo, el mundo físico, ya que sus acciones y sus consecuencias continúan creciendo y expandiéndose.

—Rab Shneur Zalman de Liadí, *Tania*

El Instituto Rohr de Aprendizaje Judío (JLI) se ha convertido, durante los últimos quince años, en el principal proveedor de educación judía para adultos. Ofrece cursos que abarcan una amplia variedad de temas y que se dictan en 960 sedes alrededor del mundo, en seis continentes. El éxito y el crecimiento continuo de JLI se le atribuyen, en gran medida, a los cientos de instructores que lo llevan a cabo en sus distintas sedes. La incansable dedicación de estos hombres y mujeres extraordinarios es ilimitada; no escatiman ningún esfuerzo al procurar llegar a todo judío con amor y calidez, poder enseñarles Torá, y nutrir su identidad judía y cumplimiento. Los instructores de JLI fueron inspirados por el llamado del **Rebe de Lubavitch,** de bendita memoria.

El lanzamiento de este curso: *Un cambio de paradigma: enseñanzas revolucionarias del Lubavitcher Rebe,* coincide con el vigésimo aniversario de la partida del Rebe (el 3 de Tamuz de 5774 - 1ro de julio de 2014). La intención de este curso es presentar la filosofía y cosmovisión del Rebe, y transmitir sus mensajes profundos y resonantes para toda la humanidad.

Este curso también permite a los participantes echar un vistazo dentro de los corazones y mentes de sus instructores, para de esa forma poder entender qué es lo que los motiva a dedicar sus vidas a ayudar a sus pares desinteresadamente, en el plano espiritual, emocional y material.

Si consideramos la magnitud de lo que es destilar y aplicar el legado intelectual y espiritual del Rebe, que se encuentra plasmado en cientos de volúmenes de obras publicadas, hay que destacar el trabajo del equipo editorial de JLI que escuchó atentamente los testimonios de decenas de estudiosos y maestros que han estudiado la vida, filosofía, y estilo de liderazgo único del Rebe. El equipo dedicó mucho tiempo a entrevistar a los individuos que se encargaban de transcribir y difundir las charlas y discursos del Rebe (*jozrim),* a sus ayudantes y secretarios personales, y a ciertos individuos que poseen roles clave dentro del liderazgo Jabad. Estas entrevistas apasionantes, que tuvieron lugar durante el transcurso de doce meses, le brindaron una enorme cantidad de material a JLI, y este material luego fue concentrado en las seis clases de este curso. Estamos sumamente agradecidos a estos individuos – sus nombres figuran luego de los agradecimientos – quienes dedicaron su tiempo y sabiduría para poder dar forma a este curso.

También agradecemos a los **Rabinos Mordechai Dinerman** y **Naftali Silberberg,** quienes dirigen muy eficientemente el Departamento Curricular de JLI y Equipo Editorial Flagship, a los **Rabinos Eli Raksin** y **Yanky Raskin** por su investigación extensa y meticulosa, y por sus sugerencias de índole editorial. Rab. Raskin también coordinó y llevó a cabo muchas de las entrevistas del curso. Agradecemos muy especialmente al **Rab. Shmuel Klatzkin** por ayudarnos con las traducciones, y a la **Sra. Rochel Holzkenner** por sus sugerencias a nivel pedagógico.

Reconocemos también la asistencia proporcionada por **Nechama (Fridman) Ioffe** y **Zeldy Nemanov,** en la coordinación y administración de las distintas partes de la producción del curso. Aprovechamos para felicitar y darle un cálido mazal tov a Nechama Ioffe por su reciente matrimonio; que ella y su esposo puedan ser colmados de muchas bendiciones y felicidad en mérito de su importante trabajo.

La Junta Editorial de JLI ha realizado muchos aportes útiles para mejorar el curso y asegurar que éste fuera apropiado para una amplia variedad de alumnos. Muchas gracias a los **Rabinos Chaim Block**, **Yossi Groner**, **Mendy Herson**, **Yehuda Shemtov**, **Avrohom Sternberg**, y a la **Sra. Rivkah Slonim**. También estamos agradecidos al **Rab. Dovid Olidort** por sus sugerencias a nivel editorial, y por su asistencia general.

Muchos de los videos utilizados en este curso fueron suministrados por Jewish Educational Media (JEM). Agradecemos muy especialmente al **Rab. Elkanah Shmotkin**, director ejecutivo de JEM, y al **Rab. Mendel Gourarie,** por su colaboración y por trabajar muy de cerca con el equipo de multimedia de JLI, que está dirigido muy hábilmente por **Rivkah**

Dubov. También agradecemos a Rab. Shmotkin por revisar las clases y por sus comentarios perspicaces.

Nuestro dedicado equipo de edición, compuesto por **Naomi Saul, Esther Tauber,** y **Rachel Witty,** realzó la calidad y profesionalismo de este curso. **Mendel Schtroks** diseñó los libros de texto con muy buen gusto y elocuencia.

Reconocemos y agradecemos al equipo de soporte y administración de JLI, cuyo trabajo y esfuerzo contribuyó de forma clave a la realización del curso, pero son tantos que no podemos enumerarlos aquí.

Estamos inmensamente agradecidos al ánimo que nos da el visionario presidente de JLI y vicepresidente de Mercaz Leinianei Jinuj - Sede Mundial de Lubavitch, el **Rab. Moshe Kotlarsky**. Es una bendición contar con el apoyo incondicional del principal benefactor de JLI, el **Sr. George Rohr,** quien invierte plenamente en nuestro trabajo, y posee un rol indispensable en la expansión monumental de la organización.

La devota junta ejecutiva de JLI—compuesta por los **Rabinos Chaim Block, Hesh Epstein, Ronnie Fine, Yosef Gansburg, Shmuel Kaplan, Yisrael Rice,** y **Avrohom Sternberg**—le dedica incontables horas al desarrollo de JLI. Su compromiso y sabia dirección hacen posible el continuo crecimiento y prosperidad de JLI.

Finalmente, como mencionamos previamente, JLI representa una increíble sociedad de más de 350 *shlujim,* que entregan su tiempo y sus talentos para promover la educación judía para adultos, y han dedicado sus días y años a compartir con sus comunidades la belleza de su legado judío y "las enseñanzas revolucionarias del Lubavitcher Rebe." Les agradecemos por compartir sus opiniones, aconsejarnos, y realizar aportes que encaminan el desarrollo y crecimiento de JLI. Son nuestros críticos más valiosos y nuestros contribuyentes más preciados.

Inspirado por el llamado del Rebe, la tarea del Rohr JLI es fomentar a todos los judíos alrededor del mundo a vivir y experimentar el estudio de Torá, su patrimonio.

Que este curso pueda tener éxito en cumplir con esta sagrada misión.

En nombre del Instituto Rohr de Aprendizaje Judío,

Rab. Efraim Mintz, Director Ejecutivo
Rab. Yisrael Rice, Presidente de la Junta Editorial

11 de Nisan, 5774

AGRADECIMIENTOS ESPECIALES

Los siguientes individuos amablemente aceptaron ser entrevistados por el equipo editorial del Instituto Rohr de Aprendizaje Judío. Estas entrevistas nos ayudaron tremendamente para desarrollar este curso, y les agradecemos cálidamente por compartir su sabiduría con nosotros. Por supuesto, cualquier error que pueda encontrarse en el material del curso es responsabilidad únicamente de JLI.

Rabbi Yehudah Leib Altein
Director, Heichal Menachem
Transcriber of the Rebbe's talks
Brooklyn, NY

Rabbi Chaim Shaul Brook
Director, Va'ad Hanachos Lahak
(a publishing arm of the Rebbe's teachings)
Brooklyn, NY

Rabbi Sholom Charitonow
Mashpia, Oholei Torah Talmudic Seminary
Editorial team, *Sefer Ha'erchim Chabad* (Chabad Encyclopedia)
Brooklyn, NY

Rabbi Shlomo Cunin
Regional director, Chabad-Lubavitch of California
Member, Agudas Chassidei Chabad -
Lubavitch World Headquarters
Los Angeles, CA

Rabbi Yisrael Deren
Regional director, Chabad of Western and Southern New England
Member of the board, Merkos L'inyonei Chinuch -
Lubavitch World Headquarters
Stamford, CT

Rabbi Adin Even-Yisrael Steinsaltz
Founder of Shefa and the Israel Institute for Talmudic Publications
Author, *My Rebbe*
Jerusalem, Israel

Rabbi Dovid Feldman
Editor in chief, Va'ad Hanachos Lahak,
(a publishing arm of the Rebbe's teachings)
Brooklyn, NY

Rabbi Moshe Feller
Regional director, Chabad-Lubavitch of the Upper Midwest
Member of the board, Merkos L'inyonei Chinuch -
Lubavitch World Headquarters
S. Paul, MN

Rabbi Tzvi Freeman
Senior editor, Chabad.org
Toronto, Canada

Rabbi Manis Friedman
Founder, Bais Chana Institute of Jewish Studies
Translator of the Rebbe's telecasts into English
S. Paul, MN

Rabbi Yehudah Leib Groner
Secretariat of the Rebbe
Brooklyn, NY

Rabbi Tzvi Grunblatt
Regional director, Chabad-Lubavitch of Argentina
Buenos Aires, Argentina

Rabbi Simon Jacobson
Transcriber of the Rebbe's talks
Director, Meaningful Life Center
Brooklyn, NY

Rabbi Yosef Yitzchak Jacobson
Rosh yeshivah, theyeshiva.net
Brooklyn, NY

Rabbi Yoel Kahn
Chief transcriber of the Rebbe's talks
Senior mashpia, Central Lubavitch Yeshivah
Editor in chief, *Sefer Ha'erchim Chabad* (Chabad Encyclopedia)
Brooklyn, NY

Rabbi Shmuel Kaplan
Regional director, Chabad-Lubavitch of Maryland
Member of the board and executive committee,
Merkos L'inyonei Chinuch - Lubavitch World Headquarters
Baltimore, MD

Rabbi Binyomin Klein
Secretariat of the Rebbe
Brooklyn, NY

Rabbi Moshe Kotlarsky
Vice-chairman, Merkos L'inyonei Chinuch - Lubavitch World Headquarters
Chairman, International Conference of Shluchim
Brooklyn, NY

Rabbi Chaim Yehudah Krinsky
Chairman, Merkos L'inyonei Chinuch - Lubavitch World Headquarters
Secretariat of the Rebbe
Brooklyn, NY

Rabbi Shmuel Lew
Director, Lubavitch Senior Girls School
London, England

Rabbi Sholom Dovber Lipskar
Founder and spiritual leader, "The Shul"
Founder, Aleph Institute
Bal Harbor, FL

Mrs. Sara Lieberman
Teacher, Beth Rivkah Division of Higher Learning
Brooklyn, NY

Dr. Naftali Loewenthal
Lecturer, University College London
London, England

Mrs. Baila Olidort
Editor in chief, Lubavitch.com
Brooklyn, NY

Rabbi Dovid Olidort
Editor in chief, Kehot Publication Society
Transcriber of the Rebbe's discourses
Brooklyn, NY

Rabbi Abba Paltiel
Mashpia
Brookyn, NY

Rabbi Yosef Yitzchak Paltiel
Mashpia, Central Lubavitch Yeshiva
Founder, InsideChassidus.org
Brooklyn, NY

Rabbi Ezra Binyomin Schochet
Dean, Yeshivas Ohr Elchonon Chabad
Member, Central Committee of Chabad Lubavitch Rabbis
Los Angeles, CA

Dr. Don Seeman
Associate professor, Tam Institute for Jewish Studies
Emory University
Atlanta, GA

Rabbi Avraham Shemtov
Chairman, executive committee,
Agudas Chassidei Chabad - Lubavitch World Headquarters
Regional director, Lubavitch of Pennsylvania
Chairman, American Friends of Lubavitch, Washington DC
Philadelphia, PA

Rabbi Yisroel Shmotkin
Regional director, Lubavitch of Wisconsin
Member of the board and executive committee,
Agudas Chassidei Chabad - Lubavitch World Headquarters
Milwaukee, WI

Mrs. Rivka Slonim
Education director, Chabad Center for Jewish Student Life at Binghamton University
Binghamton, NY

Rabbi Avrohom Sternberg
Director, Chabad of Eastern Connecticut
Rabbi, Congregation Ahavath Chesed
New London, CT

Rabbi Shlomo Sternberg
Mashpia, Oholei Torah Talmudic Seminary
Brooklyn, NY

Rabbi Shais Taub
Author, *God of Our Understanding* and JLI's *Soul Maps*
Pittsburgh, PA

Rabbi Yanki Tauber
Editor in chief, Chabad.org
Woodmere, NY

Rabbi Joseph Telushkin
Author, *Rebbe: The Life and Teachings of Menachem M. Schneerson, the Most Influential Rabbi in Modern History*
New York, NY

Mrs. Shimona Tzukernik
Founder and director, Omek
Brooklyn, NY

Rabbi Avraham Menachem Mendel Vechter
Head of Kollel
Nachalat Har Chabad, Israel

The **Rohr Jewish Learning Institute**

An affiliate of **Merkos L'Inyonei Chinuch**

The Educational Arm of **The Chabad Lubavitch Movement**

822 Eastern Parkway, Brooklyn, NY 11213

Rabbi Yossi Nemes
Metairie, LA

Rabbi Reuven New
Boca Raton, FL

Rabbi Dr. Shlomo Pereira
Richmond, VA

Rabbi Shalom Raichik
Gaithersburg, MD

Rabbi Nochum Schapiro
Sydney, AU

Rabbi Shraga Sherman
Merion Station, PA

Rabbi Avraham Steinmetz
S. Paulo, BR

Rabbi Avrohom Sternberg
New London, CT

Rabbi Aryeh Weinstein
Newtown, PA

Rabbi Motti Wilhelm
Portland, OR

Multimedia Development

Rivkah Dubov
Director

Mrs. Neria Ben Avi
Mrs. Mushka Lisker
Mrs. Rivkah Rapoport
Mrs. Chava Shapiro
Rabbi Chesky Edelman
Getzy Raskin
Moshe Raskin
Rabbi Yisroel Silman

Administration

Mrs. Chana Dechter

Affiliate Support

Rabbi Mendel Sirota
Mrs. Fraydee Kessler
Mrs. Mindy Wallach

Online Division

Dovid Ciment
Rabbi Mendy Elishevitz
Zalman Margolin

Marketing and Branding

Rabbi Zalman Abraham
Director

Shevi Rosenberg
Graphic Design

Rabbi Yossi Klein
Marketing for Results

Rabbi Shmuel Loebenstein
Writer

Marketing Committee

Rabbi Simcha Backman
Glendale, CA

Rabbi Ronnie Fine
Montreal, QC

Rabbi Ovadia Goldman
Oklahoma City, OK

Rabbi Mendy Halberstam
Miami Beach, FL

Rabbi Reuven New
Boca Raton, FL

Rabbi Yehuda Shemtov
Yardley, PA

Marketing Consultants

JJ Gross
New York, NY

Warren Modlin
MednetPro, Inc.
Alpharetta, GA

Alan Rosenspan
Alan Rosenspan & Associates
Sharon, MA

Gary Wexler
Passion Marketing
Los Angeles, CA

Publication Design

Rabbi Zalman Abraham
Mendel Schtroks

Printing

Shimon Leib Jacobs
Point One Communications
Montreal, QC

Shipping

Mary Stevens
Nixa, MO

Accounting

Musie Karp
Mrs. Shaina B. Mintz
Mrs. Shulamis Nadler

JLI Departments

Rabbi Levi Kaplan
Director of Operations

Rabbi Dubi Rabinowitz
Administrator

JLI Flagship

Rabbi Yisrael Rice
Chairman
S. Rafael, CA

Rabbi Mordechai Dinerman
Rabbi Naftali Silberberg
Editors-in-Chief

Rabbi Dr. Shmuel Klatzkin
Senior Editor
Dayton, OH

Rabbi Eli Raksin
Rabbi Yanky Raskin
Associate Editors

Zeldy Nemanow
Administrative Assistant

Rabbi Mendel Sirota
Production Manager

Mrs. Miriam Levy-Haim
Copy Editor

Mrs. Naomi Saul
Mrs. Rachel Witty
Proofreaders

Department of Continuing Education

Mrs. Mindy Wallach
Director

Musie Karp
Registrar

Mrs. Shulamis Nadler
Service and Support

Dr. Michael Akerman, MD
Consultant
Continuing Medical Education
Associate Professor of Medicine,
SUNY–Downstate Medical Center

JLI International Desk

Rabbi Avrohom Sternberg
Chairman
New London, CT

Rabbi Dubi Rabinowitz
Director
Brooklyn, NY

Mendel Schtroks
Content Manager

Rabbi Yosef Yitzchok Noiman
Administrator, JLI Israel
In Partnership with
Tzeirei Agudat Chabad

Rabbi Eli Wolf
Administrator, JLI in the CIS
In Parternship with the Federation of Jewish
Communities of the CIS

Rabbi Avraham Golovacheov
Regional Respresentative
German Division

Rabbi Nochum Schapiro
Regional Respresentative
Australia

Rabbi Hirshel Hendel
Regional Representative
Spanish Division

Beis Medrosh L'Shluchim

in partnership with
Shluchim Exchange

Rabbi Mendy Yusewitz
Director

Rabbi Mendel Margolin
Producer

Steering Committee

Rabbi Simcha Backman
Rabbi Mendy Kotlarsky
Rabbi Efraim Mintz

JLI Academy

Rabbi Hesh Epstein
Chairman

Rabbi Yossi Klein
Director

Steering Committee

Rabbi Yoel Caroline
Rabbi Mordechai Grossbaum
Rabbi Levi Mendelow

JLI Teens
in partnership with
CTeeN: Chabad Teen Network

Rabbi Chaim Block
Chairman
San Antonio, TX

Rabbi Michoel Shapiro
Director

Mrs. Nechi Gudelsky
Raizel Schapiro
Program Administrators

Advisory Board

Rabbi Mendy Cohen
Merion Station, PA

Rabbi Yitzi Hein
Pittsford, NY

Rabbi Zalman Marcus
Mission Viejo, CA

Machon Shmuel
The Sami Rohr Research Institute

Rabbi Avrohom Bergstein
Dean

Rabbi Chaim Rapoport
Rabbi Levi Yitzchak Raskin
Rabbi Mordechai Farkash
Rabbi Moshe Miller
Rabbi Yossi Yaffe
Senior Contriburing Scholars

Rabbi Yehudah Altein
Rabbi Binyomin Bitton
Rabbi Yaakov Gershon
Rabbi Moshe Gourarie
Rabbi Elchonon Kazen
Rabbi Zalman Korf
Rabbi Levi New
Rabbi Mendel Zirkind
Rabbi Eliezer Raksin
Rabbi Nesanel Loeb
Rabbi Shraga Homnick
Research Fellows

Mishnah Project

Rabbi Elya Silfen
Director

myShiur:
Advanced Learning Initiative

Rabbi Shmuel Kaplan
Chairman
Potomac, MD

Rabbi Levi Kaplan
Director

National Jewish Retreat

Rabbi Hesh Epstein
Chairman
Columbia, SC

Bruce Backman
Coordinator

Mrs. Shaina B. Mintz
Administrator

Rabbi Mendy Weg
Founding Director

Rochelle Katzman
Program Coordinator

Rabbi Shmuel Karp
Shluchim Liaison

Liz Halpern
Development

Rosh Chodesh Society

Rabbi Shmuel Kaplan
Chairman
Potomac, MD

Mrs. Shaindy Jacobson
Director

Mrs. Chava Shapiro
Associate Director

Mrs. Fraydee Kessler
Administrator

Steering Committee

Mrs. Shula Bryski
Mrs. Rochel Holzkenner
Mrs. Devorah Kornfeld
Mrs. Chana Lipskar
Mrs. Ahuva New
Mrs. Binie Tenenbaum

Sinai Scholars Society
in partnership with Chabad on Campus

Rabbi Menachem Schmidt
Chairman
Philadelphia, PA

Rabbi Dubi Rabinowitz
Director

Devorah Balarsky
Administrator

Devorah Leah Notik
Coordinator

Executive Committee

Rabbi Moshe Chaim Dubrowski
Rabbi Yossy Gordon
Rabbi Efraim Mintz
Rabbi Menachem Schmidt
Rabbi Nechemia Vogel
Rabbi Eitan Webb
Rabbi Avi Weinstein
Dr. Chana Silberstein

Curriculum Committee

Rabbi Zalman Bluming
Rabbi Shlomie Chein
Rabbi Shlomo Rothstien

Steering Committee

Rabbi Shlomie Chein
Rabbi Moshe Laib Gray
Rabbi Dovid Gurevitch
Rabbi Mendel Matusof
Rabbi Yisroel Wilhelm

TorahCafe.com
Online Learning

Rabbi Levi Kaplan
Director

Rabbi Simcha Backman
Consultant

Rabbi Mendy Elishevitz
Rabbi Elchonon Korenblit
Website Development

Mrs. Esty Perman
Administrator

Rabbi Yisroel Silman
Director of Development

Rabbi Mendel Katzman
Marketing Director

Rabbi Elya Silfen
Director of Communications

Mendel Serebryanski
Content Manager

Avrohom Shimon Ezagui
Raphael Roston
Yossi Rubin
Filming Crew

Torah Studies

Rabbi Yosef Gansburg
Chairman
Toronto, ON

Rabbi Meir Hecht
Founding Director

Rabbi Moshe Teldon
Administrator

Rabbi Ahrele Loschak
Managing Editor

Steering Committee

Rabbi Levi Fogelman
Rabbi Yaacov Halperin
Rabbi Nechemia Schusterman
Rabbi Ari Sollish

JLI Central
Founding Department Heads

Rabbi Mendel Bell
Brooklyn, NY

Rabbi Zalman Charytan
Acworth, GA

Rabbi Mendel Druk
Cancun, Mexico

Rabbi Menachem Gansburg
Toronto, ON

Rabbi Yoni Katz
Brooklyn, NY

Rabbi Chaim Zalman Levy
New Rochelle, NY

Rabbi Benny Rapoport
Clarks Summit, PA

Dr. Chana Silberstein
Ithaca, NY

Rabbi Elchonon Tenenbaum
Napa Valley, CA

Rohr JLI Affiliates

Share the **Rohr JLI** experience with friends and relatives worldwide

ALABAMA

BIRMINGHAM
Rabbi Yossi Friedman
205.970.0100

ARIZONA

CHANDLER
Rabbi Mendel Deitsch
480.855.4333

FLAGSTAFF
Rabbi Dovie Shapiro
928.255.5756

PHOENIX
Rabbi Zalman Levertov
Rabbi Yossi Friedman
602.944.2753

SCOTTSDALE
Rabbi Yossi Levertov
480.998.1410

ARKANSAS

LITTLE ROCK
Rabbi Pinchus Ciment
501.217.0053

CALIFORNIA

AGOURA HILLS
Rabbi Moshe Bryski
Rabbi Shlomo Bistritsky
818.991.0991

BAKERSFIELD
Rabbi Shmuli Schlanger
661.835.8381

BEL AIR
Rabbi Chaim Mentz
310.475.5311

BEVERLY HILLS
Rabbi Chaim I. Sperlin
310.734.9079

BRENTWOOD
Rabbi Boruch Hecht
Rabbi Mordechai Zaetz
310.826.4453

BURBANK
Rabbi Shmuly Kornfeld
818.954.0070

CARLSBAD
Rabbi Yeruchem Eilfort
Mrs. Nechama Eilfort
760.943.8891

CHATSWORTH
Rabbi Yossi Spritzer
818.718.0777

CONTRA COSTA
Rabbi Yaakov Kagan
Rabbi Dovber Berkowitz
925.937.4101

CORONADO
Rabbi Eli Fradkin
619.365.4728

ENCINO
Rabbi Joshua Gordon
Rabbi Aryeh Herzog
818-784-9986

FOLSOM
Rabbi Yossi Grossbaum
916.608.9811

GLENDALE
Rabbi Simcha Backman
818.240.2750

HUNTINGTON BEACH
Rabbi Aron Berkowitz
714.846.2285

IRVINE
Rabbi Alter Tenenbaum
Rabbi Elly Andrusier
949.786.5000

LA JOLLA
Rabbi Baruch Shalom Ezagui
858.455.5433

LAGUNA BEACH
Rabbi Elimelech Gurevitch
949.499.0770

LOMITA
Rabbi Eli Hecht
Rabbi Sholom Pinson
310.326.8234

LONG BEACH
Rabbi Abba Perelmuter
562.621.9828

LOS ANGELES
Rabbi Leibel Korf
323.660.5177

MARINA DEL REY
Rabbi Danny Yiftach-Hashem
Rabbi Mendy Avtzon
310.859.0770

MILL VALLEY
Rabbi Hillel Scop
415.336.3055

NEWPORT BEACH
Rabbi Reuven Mintz
949.721.9800

NORTH HOLLYWOOD
Rabbi Nachman Abend
818.989.9539

NORTHRIDGE
Rabbi Eli Rivkin
818.368.3937

PACIFIC PALISADES
Rabbi Zushe Cunin
310.454.7783

PALO ALTO
Rabbi Menachem Landa
CLASSES IN HEBREW
650.322.1708

PASADENA
Rabbi Chaim Hanoka
626.564.8820

RANCHO CUCAMONGA
Rabbi Sholom B. Harlig
909.949.4553

RANCHO PALOS VERDES
Rabbi Yitzchok Magalnic
310.544.5544

RANCHO S. FE
Rabbi Levi Raskin
858.756.7571

REDONDO BEACH
Rabbi Yossi Mintz
Rabbi Zalman Gordon
310.214.4999

SACRAMENTO
Rabbi Mendy Cohen
916.455.1400

S. BARBARA
Rabbi Yosef Loschak
805.683.1544

S. CLEMENTE
Rabbi Menachem M. Slavin
949.489.0723

S. DIEGO
Rabbi Motte Fradkin
858.547.0076

S. DIEGO-UNIVERSITY CITY
Rabbi Yudell Reiz
619.723.2439

S. FRANCISCO
Rabbi Shlomo Zarchi
415.752.2866

Rabbi Peretz Mochkin
415.571.8770

S. LUIS OBISPO
Rabbi Chaim Leib Hille
805.706.0256

S. MATEO
Rabbi Yossi Marcus
Rabbi Moishe Weinbaum
650.341.4510

S. MONICA
Rabbi Boruch Rabinowitz
310.394.5699

S. RAFAEL
Rabbi Yisrael Rice
415.492.1666

S. ROSA
Rabbi Mendel Wolvovsky
707.577.0277

SOUTH BAY
Rabbi Yosef Levin
Rabbi Ber Rosenblatt
650.424.9800

Stockton
Rabbi Avremel Brod
209.952.2081

Studio City
Rabbi Yossi Baitelman
818.508.6633

Temecula
Rabbi Yitzchok Hurwitz
951.303.9576

Thousand Oaks
Rabbi Chaim Bryski
805.493.7776

Tustin
Rabbi Yehoshua Eliezrie
714.508.2150

Ventura
Rabbi Yakov Latowicz
Mrs. Sarah Latowicz
805.658.7441

West Hills
Rabbi Avrahom Yitzchak Rabin
818.337.4544

Yorba Linda
Rabbi Dovid Eliezrie
714.693.0770

COLORADO

Aspen
Rabbi Mendel Mintz
970.544.3770

Denver
Rabbi Mendel Popack
720 515 4337

Rabbi Yossi Serebryanski
303.744.9699

Highlands Ranch
Rabbi Avraham Mintz
303.694.9119

Longmont
Rabbi Yakov Dovid Borenstein
303.678.7595

Vail
Rabbi Dovid Mintz
970.476.7887

Westminster
Rabbi Benjy Brackman
303.429.5177

CONNECTICUT

Guilford
Rabbi Yossi Yaffe
203.453.5580

Greenwich
Rabbi Yossi Deren
Rabbi Menachem Feldman
203.629.9059

New Haven
Rabbi Yosef Y. Hodakov
203.795.5261

New London
Rabbi Avrohom Sternberg
860.437.8000

Orange
Rabbi Sheya Hecht
203.795.5261

Stamford
Rabbi Yisrael Deren
Rabbi Levi Mendelow
203.3.CHABAD

West Hartford
Rabbi Yosef Gopin
Rabbi Shaya Gopin
860.659.2422

Westport
Rabbi Yehuda L. Kantor
Mrs. Dina Kantor
203.226.8584

DELAWARE

Wilmington
Rabbi Chuni Vogel
302.529.9900

FLORIDA

Aventura
Rabbi Laivi Forta
Rabbi Yakov Garfinkel
305.933.0770

Bal Harbour
Rabbi Dov Schochet
305.868.1411

Boca Raton
Rabbi Moishe Denberg
Rabbi Zalman Bukiet
561.417.7797

Boynton Beach
Rabbi Yosef Yitzchok Raichik
561.732.4633

Bradenton
Rabbi Menachem Bukiet
941.388.9656

Coconut creek
Rabbi Yossi Gansburg
954.427.7788

Coral Gables
Rabbi Avrohom Stolik
305.490.7572

Coral Springs
Rabbi Yankie Denburg
954.471.8646

Delray Beach
Rabbi Sholom Ber Korf
561.496.6228

East Boca Raton
Rabbi Ruvi New
561.417.7797

Fisher island
Rabbi Efraim Brody
347.325.1913

Fort Lauderdale
Rabbi Yitzchok Naparstek
954.568.1190

Fort Myers
Rabbi Yitzchok Minkowicz
Mrs. Nechama Minkowicz
239.433.7708

Hollywood
Rabbi Leizer Barash
954.965.9933

Kendall
Rabbi Yossi Harlig
305.234.5654

Key Biscayne
Rabbi Yoel Caroline
305.365.6744

Lake Mary
Rabbi Yanky Majesky
407.878.3011

Miami Beach
Rabbi Shragi Mann
786.264.1111

Miami–Midtown
Rabbi Shmuel Gopin
305.573.9995

Ocala
Rabbi Yossi Hecht
352.291.2218

Orlando
Rabbi Yosef Konikov
407.354.3660

Palm Beach Gardens
Rabbi Dovid Vigler
561.624.2223

Palmetto Bay
Rabbi Zalman Gansburg
786.282.0413

Parkland
Rabbi Mendy Gutnik
954.796.7330

Plantation
Rabbi Pinchas Taylor
954.644.9177

Ponte Vedra Beach
Rabbi Nochum Kurinsky
904.543.9301

Sarasota
Rabbi Chaim Shaul Steinmetz
941.925.0770

Satellite Beach
Rabbi Zvi Konikov
321.777.2770

South Palm Beach
Rabbi Leibel Stolik
561.889.3499

South Tampa
Rabbi Mendy Dubrowski
813.287.1795

Sunny Isles Beach
Rabbi Alexander Kaller
305.803.5315

Weston
Rabbi Yisroel Spalter
954.349.6565

West Palm Beach
Rabbi Yoel Gancz
561.659.7770

Venice
Rabbi Sholom Ber Schmerling
941.493.2770

GEORGIA

ALPHARETTA
Rabbi Hirshy Minkowicz
770.410.9000

ATLANTA
Rabbi Yossi New
Rabbi Isser New
404.843.2464

ATLANTA: INTOWN
Rabbi Eliyahu Schusterman
Rabbi Ari Sollish
404.898.0434

GWINNETT
Rabbi Yossi Lerman
678.595.0196

MARIETTA
Rabbi Ephraim Silverman
Rabbi Zalman Charytan
770.565.4412

IDAHO

BOISE
Rabbi Mendel Lifshitz
208.853.9200

ILLINOIS

CHAMPAIGN
Rabbi Dovid Tiechtel
217.355.8672

CHICAGO
Rabbi Meir Hecht
312.714.4655

CHICAGO-HYDE PARK
Rabbi Yossi Brackman
773.955.8672

GLENVIEW
Rabbi Yishaya Benjaminson
847.998.9896

HIGHLAND PARK
Mrs. Michla Schanowitz
847.266.0770

NAPERVILLE
Rabbi Mendy Goldstein
630.778.9770

NORTHBROOK
Rabbi Meir Moscowitz
847.564.8770

Rabbi Menachem Slavaticki
CLASSES IN HEBREW
847.350.9770

OAK PARK
Rabbi Yitzchok Bergstein
708.524.1530

PEORIA
Rabbi Eli Langsam
309.692.2250

ROCKFORD
Rabbi Yecheskel Rothman
815.596.0032

SKOKIE
Rabbi Yochanan Posner
847.677.1770

WILMETTE
Rabbi Dovid Flinkenstein
847.251.7707

INDIANA

INDIANAPOLIS
Rabbi Mendel Schusterman
317.251.5573

KANSAS

OVERLAND PARK
Rabbi Mendy Wineberg
913.649.4852

LOUISIANA

METAIRIE
Rabbi Yossi Nemes
504.454.2910

MARYLAND

BALTIMORE
Rabbi Elchonon Lisbon
410.358.4787

Rabbi Velvel Belinsky
CLASSES IN RUSSIAN
410.764.5000

BETHESDA
Rabbi Bentzion Geisinsky
Rabbi Sender Geisinsky
301.913.9777

COLUMBIA
Rabbi Hillel Baron
Rabbi Yosef Chaim Sufrin
410.740.2424

FREDERICK
Rabbi Boruch Labkowski
301.996.3659

GAITHERSBURG
Rabbi Sholom Raichik
301.926.3632

OWINGS MILLS
Rabbi Nochum H. Katsenelenbogen
410.356.5156

POTOMAC
Rabbi Mendel Bluming
301.983.4200

Rabbi Mendel Kaplan
301.983.1485

ROCKVILLE
Rabbi Moishe Kavka
301.836.1242

SILVER SPRING
Rabbi Berel Wolvovsky
301.593.1117

MASSACHUSETTS

ANDOVER
Rabbi Asher Bronstein
Rabbi Zalman Borenstein
978.470.2288

CAPE COD
Rabbi Yekusiel Alperowitz
508.775.2324

CHESTNUT HILL
Rabbi Mendy Uminer
617.738.9770

LONGMEADOW
Rabbi Yakov Wolff
413.567.8665

SUDBURY
Rabbi Yisroel Freeman
978.443.3691

SWAMPSCOTT
Mrs. Layah Lipsker
781.581.3833

MICHIGAN

ANN ARBOR
Rabbi Aharon Goldstein
734.995.3276

GRAND RAPIDS
Rabbi Mordechai Haller
616.957.0770

WEST BLOOMFIELD
Rabbi Kasriel Shemtov
248.788.4000

Rabbi Elimelech Silberberg
248.855 .6170

MINNESOTA

MINNETONKA
Rabbi Mordechai Grossbaum
952.929.9922

ROCHESTER
Rabbi Dovid Greene
507.288.7500

S. PAUL
Rabbi Shneur Zalman Bendet
651.278.8401

MISSOURI

S. LOUIS
Rabbi Yosef Landa
314.725.0400

MONTANA

BOZEMAN
Rabbi Chaim Shaul Bruk
406.585.8770

NEVADA

HENDERSON
Rabbi Mendy Harlig
Rabbi Tzvi Bronchtain
702.617.0770

SUMMERLIN
Rabbi Yisroel Schanowitz
Rabbi Tzvi Bronchtain
702.855.0770

NEW JERSEY

BASKING RIDGE
Rabbi Mendy Herson
908.604.8844

Cherry Hill
Rabbi Mendy Mangel
856.874.1500

Clinton
Rabbi Eli Kornfeld
908.623.7000

Fair Lawn
Rabbi Avrohom Bergstein
718.839.5296

Fanwood
Rabbi Avrohom Blesofsky
908.790.0008

Fort Lee
Rabbi Meir Konikov
201.886.1238

Franklin Lakes
Rabbi Chanoch Kaplan
201.848.0449

Haskell
Rabbi Mendy Gurkov
201.696.7609

Hillsborough
Rabbi Shmaya Krinsky
908.874.0444

Holmdel
Rabbi Shmaya Galperin
732.772.1998

Madison
Rabbi Shalom Lubin
973.377.0707

Manalapan
Rabbi Boruch Chazanow
Rabbi Levi Wolosow
732.972.3687

Medford
Rabbi Yitzchok Kahan
609.953.3150

Mountain Lakes
Rabbi Levi Dubinsky
973.551.1898

North Brunswick
Rabbi Levi Azimov
732.398.9492

Old Tappan
Rabbi Mendy Lewis
201.767.4008

Rockaway
Rabbi Asher Herson
Rabbi Mordechai Baumgarten
973.625.1525

Teaneck
Rabbi Ephraim Simon
201.907.0686

Tenafly
Rabbi Mordechai Shain
Rabbi Yitzchak Gershovitz
201.871.1152

Toms River
Rabbi Moshe Gourarie
732.349.4199

West Orange
Rabbi Mendy Kasowitz
973.486.2362

Woodcliff Lake
Rabbi Dov Drizin
201.476.0157

NEW MEXICO

S. Fe
Rabbi Berel Levertov
505.983.2000

NEW YORK

Bedford
Rabbi Arik Wolf
914.666.6065

Binghamton
Mrs. Rivkah Slonim
607.797.0015

Brighton Beach
Rabbi Zushe Winner
Rabbi Moshe Winner
718.946.9833

Bronxville
Rabbi Sruli Deitsch
917.755.0078

Brooklyn
Rabbi Moishe Dovid Winner
718.946.9833

Brooklyn Heights
Rabbi Mendy Hecht
Rabbi Ari Raskin
347.378.2641

Cedarhurst
Rabbi Zalman Wolowik
516.295.2478

Chestnut Ridge
Rabbi Chaim Tzvi Ehrenreich
845.356.6686

Dix Hills
Rabbi Yaakov Saacks
Rabbi Avraham Lehr
631.351.8672

Dobbs Ferry
Rabbi Benjy Silverman
914.693.6100

East Hampton
Rabbi Leibel Baumgarten
Rabbi Mendy Goldberg
631.329.5800

Great Neck
Rabbi Yoseph Geisinsky
516.487.4554

Ithaca
Rabbi Eli Silberstein
607.257.7379

Kingston
Rabbi Yitzchok Hecht
845.334.9044

Larchmont
Rabbi Mendel Silberstein
914.834.4321

Long Beach
Rabbi Eli Goodman
516.897.2473

NYC Kehilath Jeshurun
Rabbi Elie Weinstock
212.774.5636

NYC Tribeca
Rabbi S. Zalman Paris
646.510.3109

NYC West Side
Rabbi Yisrael Kugel
212.799.0809

Ossining
Rabbi Dovid Labkowski
914.923.2522

Port Washington
Rabbi Shalom Paltiel
516.767.8672

Riverdale
Rabbi Levi Shemtov
718.549.1100

Rochester
Rabbi Nechemia Vogel
585.271.0330

Roslyn
Rabbi Yaakov Reiter
516.484.8185

Sea Gate
Rabbi Chaim Brikman
718.266.1736

Rabbi Nachman Segal
Classes in Hebrew
718. 761.4483

Stony Brook
Rabbi Shalom Ber Cohen
631.585.0521

Suffern
Rabbi Shmuel Gancz
845.368.1889

West Hempstead
Rabbi Yossi Lieberman
Rabbi Mordechai Dinerman
516.596.8691

NORTH CAROLINA

Caryy
Rabbi Yisroel Cotlar
919.651.9710

Charlotte
Rabbi Yossi Groner
Rabbi Shlomo Cohen
704.366.3984

Greensboro
Rabbi Yosef Plotkin
336 617 8120

Raleigh
Rabbi Pinchas Herman
Rabbi Lev Cotlar
919.637.6950

Wilmington
Rabbi Moshe Lieblich
910.763.4770

OHIO

Beachwood
Rabbi Shmuli Friedman
216.370.2887

Blue Ash
Rabbi Yisroel Mangel
513.793.5200

Columbus
Rabbi Areyah Kaltmann
Rabbi Levi Andrusier
614.294.3296

Toledo
Rabbi Yossi Shemtov
419.843.9393

OKLAHOMA

Oklahoma City
Rabbi Ovadia Goldman
405.524.4800

Tulsa
Rabbi Yehuda Weg
918.492.4499

OREGON

Portland
Rabbi Moshe Wilhelm
Rabbi Mordechai Wilhelm
503.977.9947

Salem
Rabbi Avrohom Yitzchok Perlstein
503.383.9569

PENNSYLVANIA

Ambler
Rabbi Shaya Deitsch
215.591.9310

Bala Cynwyd
Rabbi Shraga Sherman
610.660.9192

Clarks Summit
Rabbi Benny Rapoport
570.587.3300

Devon
Rabbi Yossi Kaplan
610.971.9977

Fox Chapel
Rabbi Aaron Herman
Rabbi Ely Rosenfeld
412.781.1800

Lafayette Hill
Rabbi Yisroel Kotlarsky
347.526.1430

Lancaster
Rabbi Elazar Green
717.368.6565

Media
Rabbi Eli Dovid Strasberg
610.543.5095

Newtown
Rabbi Aryeh Weinstein
215.497.9925

Philadelphia: Center City
Rabbi Yochonon Goldman
215.238.2100

Pittsburgh
Rabbi Yisroel Altein
412.422.7300 ext. 269

Pittsburgh: South Hills
Rabbi Mendy Rosenblum
412.278.3693

Rydal
Rabbi Zushe Gurevitz
215.572.1511

Wynnewood
Rabbi Moishe Brennan
610.529.9011

RHODE ISLAND

Warwick
Rabbi Yossi Laufer
401.884.7888

SOUTH CAROLINA

Columbia
Rabbi Hesh Epstein
803.782.1831

TENNESSEE

Chattanooga
Rabbi Shaul Perlstein
423.490.1106

Knoxville
Rabbi Yossi Wilhelm
865.588.8584

Memphis
Rabbi Levi Klein
901.766.1800

Nashville
Rabbi Yitzchok Tiechtel
615.646.5750

TEXAS

Arlington
Rabbi Levi Gurevitch
817.451.1171

Dallas
Rabbi Peretz Shapiro
Rabbi Moshe Naparstek
972.818.0770

Fort Worth
Rabbi Dov Mandel
817.263.7701

Houston
Rabbi Moishe Traxler
713.774.0300

Houston: Rice University Area
Rabbi Eliezer Lazaroff
Rabbi Yitzchok Schmukler
713.522.2004

League City
Rabbi Yitzchok Schmukler
713.398.2460

Plano
Rabbi Mendel Block
Rabbi Yehudah Horowitz
972.596.8270

S. Antonio
Rabbi Chaim Block
Rabbi Yossi Marrus
210.492.1085

The Woodlands
Rabbi Mendel Blecher
281.719.5213

U.S. VIRGIN ISLANDS

S. Thomas
Rabbi Asher Federman
340.998.8889

UTAH

Salt Lake City
Rabbi Benny Zippel
801.467.7777

VERMONT

Burlington
Rabbi Yitzchok Raskin
802.658.5770

VIRGINIA

Alexandria/Arlington
Rabbi Mordechai Newman
703.370.2774

Fairfax
Rabbi Leibel Fajnland
703.426.1980

Norfolk
Rabbi Aaron Margolin
Rabbi Levi Brashevitzky
757.616.0770

Tysons Corner
Chapter founded by
Rabbi Levi Deitsch, OBM
Rabbi Chezzy Deitsch
703.829.5770

WASHINGTON

Olympia
Rabbi Cheski Edelman
360.584-4306

Seattle
Rabbi Elazar Bogomilsky
206.527.1411

Spokane County
Rabbi Yisroel Hahn
509.443.0770

WISCONSIN

Madison
Rabbi Avremel Matusof
608.231.3450

Mequon
Rabbi Menachem Rapoport
262.242.2235

Milwaukee
Rabbi Mendel Shmotkin
414.961.6100

PUERTO RICO

Carolina
Rabbi Mendel Zarchi
787.253.0894

ARGENTINA
BUENOS AIRES
BELGRANO-OLLEROS
Rabbi Mendy Birman
54.11.4774.5071

BUENOS AIRES
Rabbi Mendel Levy
Rabbi Shlomo Levy
54-11-4807-2223

CAPITAL FEDERAL
Rabbi Mendy Gurevitch
54.11.4545.7771

PALERMO NUEVO
Rabbi Mendy Grunblatt
54.11.4772.1024

RECOLETA
Rabbi Hirshel Hendel
54.11.4807.7073

VILLA DEL PARQUE
Rabbi Yosef Itzjok Levy
54.11.4504.1908

AUSTRALIA
NEW SOUTH WALES
BONDI
Rabbi Pinchas Feldman
Rabbi Eli Feldman
Rabbi Robert Kremnizer
612.9387.3822

Mrs. Shterna Althaus
614.0861.3770

DOUBLE BAY
Rabbi Yanky Berger
Rabbi Yisroel Dolnikov
612.9327.1644

DOVER HEIGHTS
Rabbi Motti Feldman
612.9387.3822

NORTH SHORE
Rabbi Nochum Schapiro
Mrs. Fruma Schapiro
612.9488.9548

RANDWICK
Rabbi Aryeh Leib Solomon
613.9375.1600

SOUTH HEAD
Rabbi Benzion Milecki
612.9337.6775

QUEENSLAND
BRISBANE
Rabbi Levi Jaffe
617.3843.6770

VICTORIA
MALVERN
Rabbi Zev Slavin
614.0476.6759

Rabbi Shimshon Yurkowicz
613.9822.3600

SOUTH YARRA
Rabbi Yehuda Hoch
03.9613.0738

BELARUS
GRODNO
Rabbi Yitzchak Kofman
375.29.644.3690

BELGIUM
ANTWERP
Rabbi Mendel Gurary
Rabbi Shabtai Slavaticki
32.3.218.4196

BRAZIL
S. PAULO
Rabbi Avraham Steinmetz
55.11.3081.3081

CANADA
ALBERTA
CALGARY
Rabbi Mordechai Groner
403.238.4880

EDMONTON
Rabbi Ari Drelich
Rabbi Mendy Blachman
780.851.1515

BRITISH COLUMBIA
RICHMOND
Rabbi Yechiel Baitelman
604.277.6427

VANCOUVER
Rabbi Yitzchok Wineberg
604.266.1313

VICTORIA
Rabbi Meir Kaplan
250.595.7656

MANITOBA
WINNIPEG
Rabbi Avrohom Altein
Rabbi Shmuel Altein
204.339.8737

NOVA SCOTIA
HALIFAX
Rabbi Mendel Feldman
902.422.4222

ONTARIO
HAMILTON
Rabbi Chanoch Rosenfeld
905.529.7458

LAWRENCE/EGLINTON
Rabbi Menachem Gansburg
416.546.8770

LONDON
Rabbi Eliezer Gurkow
519.434.3962

MISSISSAUGA
Rabbi Yitzchok Slavin
905.820.4432

NIAGARA FALLS
Rabbi Zalman Zaltzman
905.356.7200

OTTAWA
Rabbi Menachem M. Blum
613.823.0866

RICHMOND HILL
Rabbi Mendel Bernstein
905.770.7700

Rabbi Yossi Hecht
905.773.6477

TORONTO AREA BJL
Rabbi Leib Chaiken
416.916.7202

GREATER TORONTO
REGIONAL OFFICE & THORNHILL
Rabbi Yossi Gansburg
905.731.7000

YORK MILLS
Rabbi Levi Gansburg
647.345.3800

WATERLOO
Rabbi Moshe Goldman
226.338.7770

WHITBY
Rabbi Tzali Borenstein
905.493.9007

QUEBEC
MONTREAL
Rabbi Ronnie Fine
Rabbi Pesach Nussbaum
514.342.3.JLI

Rabbi Levi Y New
514.739.0770

TOWN OF MOUNT ROYAL
Rabbi Moshe Krasnanski
Rabbi Shneur Zalman Rader
514.739.0770

VILLE S. LAURENT
Rabbi Schneur Zalmen Silberstein
514.808.1418

COLOMBIA
BOGOTA
Rabbi Yehoshua B. Rosenfeld
Rabbi Chanoch Piekarski
571.635.8251

DENMARK
COPENHAGEN
Rabbi Yitzchok Lowenthal
45.3316.1850

ESTONIA
TALLINN
Rabbi Shmuel Kot
372.662.30.50

GEORGIA
TBILISI
Rabbi Meir Kozlovsky
995.593.23.91.15

GERMANY
BERLIN
Rabbi Yehuda Tiechtel
49.30.2128.0830

Cologne
Rabbi Mendel Schtroks
49.22.1240.3902

Dusseldorf
Rabbi Chaim Barkahn
49.21.1420.9693

Hamburg
Rabbi Shlomo Bistriztsky
49.40.4142.4190

Munich
Rabbi Yochonon Gordon
49.89.4190.2812

GREECE

Athens
Rabbi Mendel Hendel
30.210.520.2880

GUATEMALA

Guatemala City
Rabbi Shalom Pelman
502.2485.0770

ISRAEL

Ashkelon
Rabbi Shneor Lieberman
054.977.0512

Balfurya
Rabbi Noam Bar-Tov
054.580.4770

Caesarea
Rabbi Chaim Meir Lieberman
054.621.2586

Even Yehuda
Rabbi Menachem Noyman
054.777.0707

Ganei Tikva
Rabbi Gershon Shnur
054.524.2358

Giv'atayim
Rabbi Pinchus Bitton
052.643.8770

Haifa
Rabbi Yehuda Dunin
054.426.3763

Jerusalem
Rabbi Eliyahu Canterman
Classes in English
054.682.3737

Karmiel
Rabbi Mendy Elishevitz
054.521.3073

Kfar Sabba
Rabbi Yossi Baitch
054.445.5020

Kiryat Bialik
Rabbi Pinny Marton
050.661.1768

Kiryat Motzkin
Rabbi Shimon Eizenbach
050.902.0770

Kochav Yair
Rabbi Dovi Greenberg
054.332.6244

Maccabim Re'ut
Rabbi Yosef Yitzchak Noiman
054.977.0549

Modiin
Rabbi Boruch Slonim
054.300.1770

Nes Ziyona
Rabbi Menachem Feldman
054.497.7092

Netanya
Rabbi Schneur Brod
054.579.7572

Ramat Gan-Krinitzi
Rabbi Yisroel Gurevitz
052.743.2814

Ramat Gan-Marom Nave
Rabbi Binyamin Meir Kali
050.476.0770

Ramat Yishai
Rabbi Shneor Zalman Wolosow
052.324.5475

Rishon Lezion
Rabbi Uri Keshet
050.722.4593

Rosh Pina
Rabbi Sholom Ber Hertzel
052.458.7600

Yehud
Rabbi Shmuel Wolf
053.536.1479

KAZAKHSTAN

Almaty
Rabbi Shevach Zlatopolsky
7.7272.77.59.77

LATVIA

Riga
Rabbi Shneur Zalman Kot
371.6733.1520

NETHERLANDS

Den Haag
Rabbi Shmuel Katzman
31.70.347.0222

Noord-Holland
Amsterdam
Rabbi Yanki Jacobs
31 6 44988627

PANAMA

Panama City
Rabbi Ari Laine
Rabbi Gabriel Benayon
507.223.3383

RUSSIA

Astrakhan
Rabbi Yisroel Melamed
7.851.239.28.24

Bryansk
Rabbi Menachem Mendel Zaklas
7.483.264.55.15

Chelyabinsk
Rabbi Meir Kirsh
7.351.263.24.68

Moscow-Marina Rosha
Rabbi Mordechai Weisberg
7.495.645.50.00

Moscow-Sokolniki
Rabbi Avraham Bekerman
7.495.660.07.70

Nizhny Novgorod
Rabbi Shimon Bergman
7.920.253.47.70

Omsk
Rabbi Osher Krichevsky
7.381.231.33.07

Perm
Rabbi Zalman Deutch
7.342.212.47.32

Samara
Rabbi Shlomo Deutch
7.846.333.40.64

Saratov
Rabbi Yaakov Kubitshek
7.8452.21.58.00

S. Petersburg
Rabbi Zvi Pinsky
7.812.713.62.09

Rostov
Rabbi Chaim Danziger
7.8632.99.02.68

Togliatti
Rabbi Meier Fischer
7.848.273.02.84

Ufa
Rabbi Dan Krichevsky
7.347.244.55.33

Voronezh
Rabbi Levi Stiefel
7.473.252.96.99

SINGAPORE

Singapore
Rabbi Mordechai Abergel
656.337.2189

Rabbi Netanel Rivni
Classes in Hebrew
656.336.2127

SOUTH AFRICA

Cape Town
Rabbi Mendel Popack
Rabbi Pinchas Hecht
27.21.434.3740

Johannesburg
Rabbi Dovid Hazdan
Rabbi Shmuel Simpson
27.11.728.8152

Rabbi Dovid Masinter
Rabbi Ari Kievman
27.11.440.6600

SPAIN
BARCELONA
Rabbi Dovid Libersohn
34.93.410.0685

SWEDEN
STOCKHOLM
Rabbi Chaim Greisman
468.679.7067

SWITZERLAND
BASEL
Rabbi Zalman Wishedski
41.76.559.9236

LUGANO
Rabbi Yaakov Tzvi Kantor
41.91.921.3720

LUZERN
Rabbi Chaim Drukman
41.41.361.1770

UKRAINE
CHERKASSY
Rabbi Dov Axelrod
380.472.45.7080

DNEPROPETROVSK
Rabbi Dan Makagon
380.504.51.13.18

NIKOLAYEV
Rabbi Sholom Gotlieb
380.512.37.37.71

ZHITOMIR
Rabbi Shlomo Wilhelm
380.504.63.01.32

ODESSA
Rabbi Avraham Wolf
Rabbi Yaakov Neiman
38.048.728.0770 ext. 280

UNITED KINGDOM
EDGEWARE
Rabbi Leivi Sudak
Rabbi Yaron Jacobs
44.208.905.4141

LEEDS
Rabbi Eli Pink
44.113.266.3311

LONDON
Rabbi Gershon Overlander
Rabbi Dovid Katz
44.208.202.1600

Rabbi Nissan D. Dubov
44.20.8944.1581

URUGUAY
MONTEVIDEO
Rabbi Eliezer Shemtov
598.2.709.3444

VENEZUELA
CARACAS
Rabbi Yehoshua Rosenblum
58.212.264.7011

THE JEWISH LEARNING MULTIPLEX

Brought to you by the Rohr Jewish Learning Institute

In fulfillment of the mandate of the Lubavitcher Rebbe, of blessed memory, whose leadership guides every step of our work, the mission of the Rohr Jewish Learning Institute is to transform Jewish life and the greater community through the study of Torah, connecting each Jew to our shared heritage of Jewish learning.

While our flagship program remains the cornerstone of our organization, JLI is proud to feature additional divisions catering to specific populations, in order to meet a wide array of educational needs.

THE ROHR JEWISH LEARNING INSTITUTE,
a subsidiary of *Merkos L'Inyonei Chinuch*,
is the adult education arm of the Chabad-Lubavitch Movement.

Torah Studies provides a rich and nuanced encounter with the weekly Torah reading.

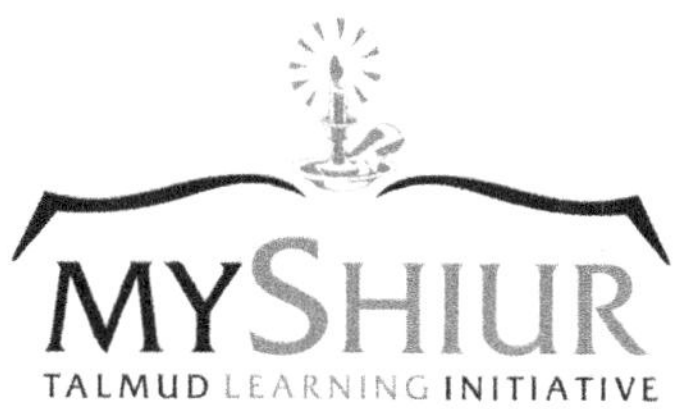

MyShiur courses are designed to assist students in developing the skills needed to study Talmud independently.

This rigorous fellowship program invites select college students to explore the fundamentals of Judaism.

Jewish teens forge their identity as they engage in Torah study, social interaction, and serious fun.

The Rosh Chodesh Society gathers Jewish women together once a month for intensive textual study.

TorahCafe.com provides an exclusive selection of top-rated Jewish educational videos.

This yearly event rejuvenates mind, body, and spirit with a powerful synthesis of Jewish learning and community.

Participants delve into our nation's rich past while exploring the Holy Land's relevance and meaning today.

Select affiliates are invited to partner with peers and noted professionals, as leaders of innovation and excellence.

Machon Shmuel is an institute providing Torah research in the service of educators worldwide.

En bendita memoria

de los emisarios del Rebe que
fallecieron durante el año pasado,
quienes dedicaron sus vidas a difundir el mensaje
de la Torá, el judaísmo, y el jasidismo.

Rab. Yisroel Butman – Naharia, Israel
Rab. Mordechai Berger – Ottawa, ON / Melbourne, Australia
Rab. Lipa Dubrawsky – Vancouver, BC
Rab. Hershel Fogelman – Worcester, MA
Rab. Motti Gal – Ramat Gan, Israel
Rab. Mendel Hillel Gansburg – Milan, Italia
Ze'ev Aryeh Glick – Brooklyn, NY
Rab. Daniel Moscowitz – Chicago, IL
Rab. Yaakov Aryeh Schemuelevitz – Beit She'an, Israel
Rab. J. Immanuel Schochet – Toronto, ON
Sra. Rivki Barber – Melbourne, Australia
Sra. Chasiah Kudan – Hollywood, FL
Sra. Sheina Chaya Lieberman – Fort Lauderdale, FL
Sra. Rashi Minkowicz – Fulton County, GA
Sra. Hindy Scheiman – Chicago, IL

Que el Todopoderoso consuele y reconforte a sus
familias y comunidades, y que pronto tengamos
el mérito de ver cumplida la profecía:
"D-s eliminará la muerte para siempre, y borrará las lágrimas de cada cara"
(Isaías 25:8)

Made in the USA
Middletown, DE
12 November 2023